레이첼 카슨과 침묵의 봄

차례
Contents

03이성, 감성, 지성의 창의적 영재 20삶의 여정을 찾아서 33독존이 아닌 공생을 위하여:『침묵의 봄』 65레이첼 카슨의 자연관과 생명관 75레이첼 카슨의 작품 속으로

이성, 감성, 지성의 창의적 영재

 1963년 4월 3일, 미국의 대표적 시사프로그램인 <CBS 리포트>에 레이첼 카슨이 등장했다. 프로그램은 『침묵의 봄』이 제기한 살충제 사용 문제점 등에 대해 토론을 벌이고자 마련됐다. 토론자로 나온 로버트 화이트스티븐스 박사는 내내 고압적인 태도로 카슨을 비난했다. 그는 살충제 사용을 줄이거나 혹은 포기하면 곤충과 질병이 지구를 덮칠 것이라고 경고했다. 그러면 이 세상이 암흑시대로 돌아갈 것이라는 주장이었다. 화이트스티븐스 박사는 화학회사인 아메리칸 시아나미드 사의 농업연구 분과 부대표인 생화학자로서 DDT의 효용을 주창했었다.

 인터뷰에 나온 정부 관리들은 사태에 대한 충분한 파악 없이 책임을 회피하려고만 했다. 반면 카슨은 시종일관 침착한 모습으로 방송을 통해 인류가 자연에 가한 폭력을 낱낱이 고발했다. 그녀는 "우리가 이겨야 할 대상은 결코 자연이 아니라 우리들 자신"이라며 "인간과 자연, 둘 중 어느 한쪽이 다른 쪽을 정복하거나 지배할 수 있는 게 아니다"라고 말했다. 인류가 직면한 가장 큰 도전은 바로 스스로를 통제하는 능력의 부재라는 점을 카슨은 강조하고자 했다. 결국 시청자들은 누구의 말이 옳은지 두 눈으로 똑똑히 목격할 수 있었다.

『침묵의 봄』에 관한 <CBS 리포트>가 방영되던 시기는 고든 쿠퍼가 우주선 페이스 7호를 타고 지구 궤도에 오른 때였다. 이 때문에 방송 도중 관련 소식이 속보로 전달됐다. 우주여행 장면을 텔레비전으로 보려고 했던 사람들은 결과적으로 토론 프로그램까지 볼 수밖에 없었다. 대략 1,000만 명 이상이 카슨이 등장한 방송을 보았다. 코네티컷 주 상원의원인 에이브러햄 리비코프는 <CBS 리포트>를 본 후 다음과 같이 말했다.

"어젯밤 CBS 텔레비전 방송이 분명하게 보여 준 것처럼 환경재해 분야 전반에 걸친 정보 부재 현상은 심각한 수준이다. 우리 앞에는 심각한 질문들이 던져져 있지만, 애석하게도 우리에게는 그 답이 없다."

바로 다음 날 상원의원 허버트 험프리(미네소타 주)는 리비코프 의원에게 살충제 등 화학물질이 환경에 미치는 영향을 의회 차원에서 조사하자고 요청했다. 리비코프 의원은 상원 정부운영위원회 산하에 살충제조사위원회 만드는 일을 착수했다.

1963년 케네디 대통령은 과학자문위원회를 구성해 농약 사용 실태를 조사했다. 같은 해 5월 대통령직속 과학자문위원회는 카슨의 지적이 옳다는 취지의 보고서 「살충제의 사용」을 발표했다. 보고서는 살충제 사용을 점진적으로 줄여 나갈 것을 요구했다. 이를 계기로 카슨은 다시 한 번 CBS에 출연해 자신의 주장을 펼 수 있었다. 6월에는 상원 무역위원회 청문회에 증인으로 참석했다. 1969년 닉슨 대통령은 환경보호법안에 서명했다. 이런 움직임들은 『침묵의 봄』의 영향을 받았다.

카슨은 1964년 56세로 사망했다. 원인은 지병인 유방암 악화였다. 카슨은 세상을 떠났으나 『침묵의 봄』은 그 후에도 계속 영향력을 발휘했다. 『침묵의 봄』은 10년 만에 '완벽한 살충제'로 불리던 DDT를 추방시켰다. 아울러 일상생활에서 사용하는 화학물질의 위험성에 대해 경종을 울렸다.

『침묵의 봄』은 환경운동의 측면에서도 지대한 영향을 끼쳤다. 1965년 시에라클럽 회원 수는 기존보다 두 배나 늘어나 환경운동에 대한 관심이 커졌다. 또한 1969년 후반 '지구의 친구(Friends of the Earth)'를 창설한 데이비드 브라워(David Brower)는 사다새(펠리컨)를 보호하는 데 카슨으로부터 도움을 받았다고 말했다. '지구의 친구'는 지구환경보호단체로서 현재까지 지구온난화, 방사성폐기물 감시, 수자원보호 등 환경운동을 펼치고 있다. 1970년엔 첫 번째 '지구의 날' 행사가 많은 사람들의 관심 속에서 열렸다.

사회적 가치관을 지닌 창의적 영재

지난 2002년 우리나라를 방문했던 미국 영재교육의 석학 조셉 렌줄리 석좌교수(코네티컷대)는 레이첼 카슨을 가장 이상적인 과학영재로 꼽은 바 있다. 그 이유는 훌륭한 학생이자 작가인 레이첼 카슨이 환경문제를 지적할 줄 아는 '사회적 가치관'을 갖고 있었기 때문이다. 창의적 영재는 사회적 가치를 실현할 줄 알아야 한다는 게 렌줄리 석좌교수의 지론이다. 단순히 머리만 좋다고 창의적 영재는 아니다.

사회는 점점 새로운 지식을 창출할 수 있는 창의적 영재를 요구한다. 그러기 위해선 통합적 전문성을 발휘해야 하는 게 필수다. 지식기반사회라는 표현은 이제 일반명사가 된 느낌이다. 창의적 인재는 아무리 강조해도 지나치지 않다. 한 사람의 역량이 수많은 사람들을 깨우칠 수 있고 더 나은 사회를 만들 수 있다. 역사적으로 볼 때 선진국일수록 창의성을 더욱 발현하는 방향으로 나아갔다. 그렇다면 창의성이란 무엇이고 과연 누가 창의적인 사람일까?

창의성에 대한 논의는 각양각색으로 활발하게 이루어지고 있다. '만들다' 혹은 '생산하다'라는 라틴어에서 파생된 '창의성'. 지능구조이론을 연구한 미국의 심리학자 길포드(Joy Paul Guilford)는 창의성에 대해 "사회와 문화에 가치를 부여할 수 있는 물건을 만들어 내거나 문제를 해결하기 위해 적절한 아이디어를 생산해 낼 수 있는 능력"이라고 정의했다. 길포드는 이와 관련한 능력으로 감수성, 유창성, 유연성, 독창성, 재정의, 치밀성을 제시했다. 또한 잭슨과 쇼(Jackson & Shaw)는 상상적, 독창적, 위험 감수, 비판적 사고와 통합 능력, 의사소통 능력을 강조했다.

2009년 초 열린 창의교육 관련 '창의적 인재·우리의 미래 2009 창의교육 심포지엄'에서는 창의성과 창의적 인재를 정의했다. 기존의 여러 학설들을 종합하고 정리해 공통분모를 찾은 것이다. 발표 자료집에 따르면 창의성은 '새롭고, 독창적이고 유용한 것을 만들어 내는 능력'이다. 창의적 인재는 주어지거나 발견한 문제의 해결에 대해 동기가 높고, 풍부한 지식과 기능을 기반으로 확산적 사고와 논리, 비판적 사고를 통해 가치 있는 문제해결 방안을 창출하는 인간이다.

이런 측면에서 카슨은 창의적 영재의 전형적 인물이다. 그녀는 과학에 대한 기초적 지식으로 사회문제에 대한 비판적 사고를 통해 환경문제 의식을 고취했다. 즉, 과학적 분석력과 인문학적 감수성을 융합하여 실천을 토대로 한 사회적 가치관을 발현한 것이다. 『침묵의 봄』은 비판적 사고와 통합 능력을 보여 준 결정체라고 할 수 있다. 책이 나온 후 커다란 반향을 일으키는 가운데 카슨은 자신의 생각을 실천하기 위해 지속적으로 노력했다.

과학과 문학이 융합하다

카슨이 생계를 위해 시작한 전일제 정부 과학자 일은 과학적 사고력과 글쓰기 측면에서의 문학적 감수성, 두 능력을 동시에 요구했다. 보고서 작성을 위해선 일상적인 실험과 문헌 검토 등을 한꺼번에 해야 했다. 단지 경제적 문제로 시작한 직업이 결국 카슨의 창의성을 키웠던 셈이다. 그녀가 어렸을 적부터 쌓아 온 이력과 대학, 대학원 시절 관심을 기울인 부분까지 고려하면 평생을 통해 융합적 삶을 살았다 해도 과언이 아니다.

카슨이 보여 준 감수성과 상상력의 융합 능력은 저서 곳곳에서 발견된다. 『레이첼 카슨 평전』을 쓴 린다 리어(Linda Lear)는 카슨의 책 중에서도 특히 『침묵의 봄』과 『우리를 둘러싼 바다』가 문학적 명성을 떨쳤다고 했다. 그는 "『침묵의 봄』은 '창조적인 글쓰기'에 숱한 영감을 불어넣었다"라고 말했다.

카슨은 바다에서 최초의 살아 있는 세포, 즉 최초의 생명체가 만들어지는 과정을 지구의 탄생, 암석의 발견, 달의 탄생, 원시 바다의 출현, 대륙 및 해양의 지각변화를 통합적으로 설명했다. 『우리를 둘러싼 바다』 제1부 어머니 바다의 '어둠에 싸인 시작'은 각종 과학적 데이터가 제시된 후 다음과 같이 문학적 감수성으로 끝을 맺는다.

잠깐 동안 지구에 머물면서 육지를 정복하고 약탈한 것

처럼 바다를 제어하거나 변화시킬 수는 없었다. 도시와 시골의 인공 세계에서 살아가는 사람은 종종 자기가 살고 있는 행성의 진정한 본질과 그 긴 역사(인류가 존재한 것은 그 속에서 찰나에 지나지 않는)에 대한 안목을 잊어버린다. 이 모든 것에 대한 감각은 긴 대양 항해에 나서 날마다 파도가 넘실대는 수평선이 뒤로 물러나는 것을 보고, 밤에는 머리 위의 별들이 움직이는 것을 보고 지구의 자전을 인식하고, 물과 바다만 존재하는 이 세계에 홀로 서서 우주에서 자기가 사는 행성의 외로움을 느낄 때, 가장 생생하게 되살아난다. 그리고 육지에서는 한 번도 느껴보지 못했던 사실, 즉 우리가 살고 있는 세계가 물의 세계이며, 대륙은 모든 것을 둘러싸고 있는 바다 수면 위로 잠시 솟아 있는 땅덩어리에 불과하다는 사실을 절감하게 된다.

- 『우리를 둘러싼 바다』, 42쪽.

이상과 같이 카슨의 창의적 영재성은 융합의 차원에서 드러났다고 볼 수 있다. 카슨은 원래 작가를 꿈꾸며 영문과에 입학했으나 전공을 바꿔 생물학을 공부했다. 그래서인지 『우리를 둘러싼 바다』는 융합의 성격을 여실히 보여 줬다. 카슨은 바다의 역사, 지리, 생물학, 생태, 환경 등에 대해 문학성을 가미한 서정적인 필체로 독자들을 사로잡았다. 이러한 특징은 그녀가 집필한 여러 작품 속에서 동일하게 발견된다.

문학 작품을 인용하는 부분도 눈에 띈다. 실제로 카슨은 어렸을 때부터 방대한 문학 작품을 탐독했다. 『우리를 둘러싼 바다』에선 19세기 미국의 시인이자 소설가, 비평가인 에드거 앨런 포(Edgar Allan Poe)의 『큰 소용돌이에 빨려들어서(A Descent into a Maelstorm)』(1841)를 소개한다. 이 작품에 나타난 조수 관련 이야기가 과학적으로 맞는 사실인지 알려 주는 것이다.

작품 속 노인은 바닷가 높은 절벽 위에서 섬들 사이로 지나가는 그 아래의 좁은 수로를 친구들에게 보여 준다. 그곳의 물은 거품과 찌꺼기가 들끓어 출렁이고 갑자기 소용돌이를 만들면서 좁은 수로를 빠르게 지난다. 카슨은 포가 이야기한 모스켄의 큰 소용돌이는 실제로 노르웨이 서해안 앞바다에 있는 로포텐 제도의 두 섬 사이에 있다고 밝혔다.

또한 『우리를 둘러싼 바다』의 마지막 장에는 고대 그리스의 시인 호메로스 대서사시 『오디세이아』의 내용이 등장한다. 해양 전문서인 『우리를 둘러싼 바다』에서 문학 작품인 『오디세이아』로 바다를 설명하고 있는 것이다. 책은 "모든 것은 영원히 흐르는 시간의 강처럼 결국에는 바다, 즉 대양의 강인 오케아노스로 돌아가기 때문이다"로 끝난다. 오케아노스는 그리스 신화에 나오는 물의 신이다.

이와 관련해 『우리를 둘러싼 바다』에 추천의 글을 쓴 한국해양연구원 김웅서 박사는 다음과 같이 밝혔다.

> 그녀는 책의 마지막 부분을 "새가 일년을 날아도 다 갈 수 없는 바다, 그것은 너무나도 광활하고 두렵도다"라는 호

메로스의 말로 장식을 합니다. 자연과학적인 내용의 건조함이 그녀의 섬세한 감성으로 문학 작품으로 탈바꿈하는 대목입니다. 그래서 독자들은 『우리를 둘러싼 바다』에서 자연과학 책이지만 자연과학 책 같지 않은 읽는 재미를 술술 느낄 수 있을 것입니다.

—『우리를 둘러싼 바다』, 10쪽.

아울러 박물학 기고가인 앤 즈윙거(Ann H. Zwinger)는 『우리를 둘러싼 바다』 1961년 개정판 소개 글에서 카슨의 이 작품에 대해 "학문적으로 쓴 책이면서도 자연계에 대한 찬가이자 훌륭한 문학 작품으로 서술된 책은 전례를 찾기 힘든 것이었다"면서 "지금도 그러한 책은 거의 없다"라고 칭찬했다. 책의 장점은 문장의 매력과 기법, 박학한 지식과 풍부한 사실의 조직, 개인적인 절제라고 즈윙거는 밝혔다.

특히 『침묵의 봄』에선 그리스 신화가 인용되고 시적 수사학이 곳곳에 등장한다. 이 책의 처음과 마지막은 문학적 감수성이 진하게 묻어난다. 제1장 '내일을 위한 우화'는 어른들에게 읽어 주는 동화처럼 쓰였다. 마치 추리소설의 서막을 알리듯, 새의 노래 소리가 더 이상 들리지 않는 마을을 묘사했다. 마지막 장 '가지 않은 길'은 로버트 프로스트의 시 제목이다. 카슨은 이 장을 "우리는 지금 길이 두 갈래로 나뉘는 곳에 서 있다. 하지만 로버트 프로스트의 시에 등장하는 두 갈래 길과는 달리, 어떤 길을 선택하건 비슷한 결과가 나오지는 않는다"

로 시작한다.

『자연, 그 경이로움에 대하여』는 카슨 조카의 아들인 로저 크리스트와 함께 숲과 바닷가를 거닐며 느낀 단상들을 모은 책이다. 로저와 함께한 시간, 가장 친한 친구 도로시 프리맨과 함께 보냈던 시간들은 인문학적 감수성이 듬뿍 배어 한 권의 동화처럼 읽힌다.

카슨은 "달빛 아래 물은 잔잔한 은빛으로 타올랐고, 해안의 바위는 수많은 다이아몬드 바로 그것이었다. 지상의 모든 것은 차라리 형형색색의 돌비늘이었다"라고 적고 있다.

카슨은 자칫 딱딱하기 쉬운 과학적 내용을 문학적 감수성으로 융합해 풀어냈다. 그럼 과연 융합이란 무엇일까? 작가가 되고자 했던 카슨이 생물학을 전공해 이루어 낸 성과는 어떤 차원에서 펼쳐진 것일까? 과학기술과 인문학의 융합은 단순히 종합하는 차원이 아니라 함께 도약하는 차원으로 승화한다. 즉, 카슨이 보여 준 융합이란 통섭의 차원이라는 것이다. 이제는 대중적 용어가 된 통섭(consilience)의 어원은 라틴어 '컨실리에르(consiliere)'에서 파생돼 함께(con) 뛰어넘는(salire)다는 뜻을 지니고 있다. 최근엔 진화심리학, 천문생물학, 바이오물리학, 해양생물학, 지구물리학, 인지심리학, 금융수학 등의 연구가 활발히 이루어지고 있다.

역사적으로 융합의 전형을 보여 준 학자들은 많다. 애초에 학문의 체계가 세워질 때는 분명 종합의 학이었다. 아리스토텔레스는 원래 생물학자였는데 윤리학, 정치학, 예술철학 등을 정립했다. 노벨 물리학상을 받은 하이젠베르크는 철학적 훈련을 통해 불확정성의 원리를 연구했다. 그 유명한 레오나르도 다빈치는 다들 알다시피 예술가이자 의사, 발명가였다. "나는 생각한다, 고로 존재한다"라는 근본원리를 내세운 데카르트는 수학자이자 철학자였다.

20세기에 분석철학에서 가장 영향력 있는 철학자 비트겐슈타인은 항공공학을 전공했다. 과학을 기반으로 자신의 『논리철학논고』를 완성한 그는 건축에도 일가견이 있었다. 비트겐슈타인의 스승 버트런드 러셀은 수학과 철학을 공부했다. 러셀은 카슨과 마찬가지로 사회적 문제에 관심을 기울여 핵무장 반대 운동을 펼쳤다. 아인슈타인은 철학을 통해 특수 상대성 이론, 광전 효과, 브라운 운동에 대한 역사적인 논문을 썼다. 아인슈타인은 칸트, 흄, 밀, 스피노자 등을 탐독했다.

환경 시사문제 전문 연구가인 알렉스 맥길리브레이는 『침묵의 봄』에 대해 과학과 문학이라는 두 장르가 결합해 탄생한 일종의 하이브리드(잡종)라고 평가했다. 이 때문에 『침묵의 봄』은 창의적인 성과를 얻을 수 있었다. 그는 "『침묵의 봄』은 생태학이란 말을 일상적인 용어로, 살충제란 말을 나쁜 단어로 자리 잡게 만든 녹색 선언"이라며 "흰머리독수리가 멸종 직전 단계에서 되살아난 것은 생태학에 미친 이 책의 영향력을 보여주는 상징적인 사건"이라고 밝혔다. 카슨은 창의적 산물에 사회적 가치관을 더하고 실천함으로써 지금까지 심대한 영향을 미치고 있다.

『고향의 산 읽기』의 저자 존 앨더는 "과학적 정밀성과 서정적 문학성을 융합하는 독특한 능력을 지닌 레이첼 카슨은 생태학의 원리와 그 윤리적, 미적, 영적 함축을 전 세계 독자들에게 소개했다"라고 했다. 정밀성과 감수성의 양 날개로 독자들을 사로잡은 셈이다.

잡종은 과학적 창의성을 낳는다. 독일의 생리학자 카를 페닝거(Karl Pfenninger)는 서로 다른 형태로 수용된 각각의 데이터가 뇌에서 새로운 방식으로 결합해 한 단계 차원이 높은 창의성이 발현된다고 했다. 국문학자와 천문학자는 별을 바라보는 시선이 다르다. 카슨은 바다를 포함한 드넓은 자연을 바라볼 때 단순히 탐구의 대상으로 보지 않고 인간의 무늬(인문학)도 함께 담아내고자 했다.

반면 과학의 영역에 문학적 감수성이 섞인 게 카슨을 비난하는 사람들에겐 흠집 내기용 꼬투리로 작용했다. 과학이라는 논리가 문학이라는 감성에 자리를 내주었다는 식이다. 이는 『침묵의 봄』에 대한 논란에서 두드러졌다. 그러나 객관적 엄밀성에 충실한 『침묵의 봄』은 그런 언쟁에 끼일 필요조차 없다는 걸 수많은 논쟁의 결과가 증명했다.

홍성욱 교수는 서로 다른 생각이 만나 창의적 아이디어가 나오는 유형을 다섯 가지로 구분했다. 첫째, 학생 혹은 젊은 시절에 다른 학풍을 접함으로써 나타난다. 둘째, 한 전공 분야에서 다른 전공 분야로 옮김으로써 가능하다. 셋째, 지역의 이주 혹은 지역의 중첩을 통해 드러난다. 넷째, 서로 다른 분야간 전공자의 공동연구로 발현된다. 다섯째는 학제 간 연구다. 카슨의 경우엔 전공을 바꿨다는 점, 어린 시절부터 자연과 함께 했던 경험으로 문학적 감수성을 길렀다는 점이 특수하다.

카슨이 보여 준 창의적 성과물들은 인문학적 측면과 과학기술의 여러 분야가 단순히 복합하거나 결합하는 차원이 아닌 융합을 거쳐 통섭의 단계에 이른 것이다. 카슨의 성과를 굳이 명명해 보자면 '생태문예환경학(『침묵의 봄』)' 혹은 '생태문예해양학(『우리를 둘러싼 바다』)' 정도가 될 것이다.

지금은 과학에 대한 대중적 글쓰기가 점점 중요해지고 일반화되는 경향이다. 하지만 그 당시 카슨이 들인 이중적 노력은 드물었다. 그녀도 이 점은 충분히 자각하고 있었고 그래서 더욱 의도적으로 과학과 문학을 결합하려고 했다. 1952년 드렉셀 공과대에서 명예박사 학위를 받던 자리를 통해 카슨은 과학의 대중화를 위해 과학의 문외한들에게도 과학적 성과가 알려져야 한다는 점을 강조했다. 에드워드 윌슨은 40주년을 맞이해 새로 출간된 『침묵의 봄』 후기에서 이와 관련해 다음과 같이 서술했다. 즉, 환경에 악영향을 미치는 화학 오염물질들의 문제점들이 산발적으로 흩어져 있었는데, 비로소 카슨이 하나로 종합해 과학자와 대중을 포함한 모든 사람들이 이해할 수 있도록 했다는 것이다.

요컨대 카슨은 여러 면에서 현재까지 많은 의미를 부여받는다. 그 이유 때문에 그녀의 사상은 여전히 관심의 대상이다. 우리가 주목해야 할 것은 크게 네 가지다. 첫째 이 책의 서두에서도 밝혔듯이 그녀가 보여 준 창의적 역량을 본받을 필요가 있다. 둘째 카슨이 보여 준 학문적 융합을 눈여겨봐야 한다. 셋째 여러 저서에서 보여 준 학문적 성실함이다. 그로 인해 카슨의 책들은 내적 구성이 치밀하다. 넷째 사상의 실천, 실천의 사상 측면에서 그녀를 모범으로 삼을 수 있다.

강인한 정신으로 희망을 그리다

'침묵의 봄 연구소(www.silentspring.org)'는 카슨을 이렇게 기억한다. "레이첼 루이스 카슨은 비범한 과학자로서 용감하고 솔직한 여성이었다. 또한 그녀는 자연주의자로서 곤충, 조개, 새 등의 습성을 서정적으로 표현할 줄 아는 재능을 지녔다." 카슨은 과학자가 지녀야 할 차가운 이성과 작가로서의 따뜻한 감성, 그리고 행동할 줄 아는 실천적 지성을 골고루 갖췄다.

『침묵의 봄』은 생생한 산문과 설득력 있는 논변을 보여 준다. 이 책은 현대 환경운동을 촉발시키는 기폭제가 됐다. 책의 출판으로 각종 환경운동단체가 생겨나기 시작했고 본격적인 움직임들이 일어났다.『불편한 진실』의 앨 고어 전 미국 부통령은 본인이 환경운동을 펼치는 데『침묵의 봄』으로부터 큰 영향을 받았다고 소회했다. 또 칼 젠슨은『미국을 바꾼 이야기』에서 미국을 바꾼 이야기 가운데 하나로서『침묵의 봄』을 꼽았다.『코드그린』의 토머스 프리드먼은『침묵의 봄』같은 책들이 출간된 후부터 사람들이 살충제의 중독성에 대해 좀 더 자각하게 됐다고 했다. 그는 이런 초창기 인식으로부터 미국의 환경보존에 대한 각종 법률이 탄생했다고 적었다.

참고로 1930년대 미국은 뉴딜정책으로 각종 공사가 난무하면서 이에 대응한 환경운동도 서서히 본격화했다. 이에 따라 많은 작가들이 환경문제를 문학과 접목시키는 새로운 실험을 했다. 영국 작가 헨리 윌리엄슨의 『수달 타카의 일생』 『연어 살라』, 헨리 베스톤의 『세상 끝의 집』, 에이다 고번의 회고록 『내 창문의 날개들』 등은 카슨이 좋아했던 작품들이다.

영국의 하원의원 섀클턴 경은 소개의 글에서 『침묵의 봄』이 단순히 유독물질에 관한 책이 아니며, 환경과 동식물의 관계에 관한 책이라고 설명했다. 영국의 생물학자이자 철학자인 줄리안 헉슬리(동생은 『멋진 신세계』를 쓴 올더스 헉슬리)는 서문을 통해 레이첼 카슨의 작업에 의미를 부여했다. 그는 "생태학은 자원의 최적 이용뿐 아니라 최적 보존에도 관심을 기울여야 한다"며 "생태학은 전체적인 상황을 다루며 양적인 관점뿐만 아니라 질적인 관점을 동등하게 중시하는 분야"라고 밝혔다. 단순히 더 많은 해충을 박멸하는 게 능사가 아니고 인간과 곤충, 동식물의 생태 등 유기적 관계를 고려해야 한다는 뜻이다.

카슨은 환경운동뿐만 아니라 과학을 꿈꾸는 과학자들에게도 심대한 영향을 끼쳤다. 실제로 카슨이 얼마큼 영향을 끼쳤는지는 설문조사를 통해 확인할 수 있다. 1999년 미국의 생물학연구소는 생물학자 191명을 대상으로 설문조사를 했다. 자신의 연구 인생에서 가장 큰 영향을 끼쳤던 고전을 꼽으라는 내용이었다. 그 결과 『침묵의 봄』은 2위를 차지했다. 1위는 유진 오덤의 『생태학』. 이 조사에서 『침묵의 봄』은 『종의 기원』이나 『이중나선』보다 앞섰다.

판매부수 역시 카슨의 영향력을 잘 보여 준다. 출간 40주년이던 2002년까지 200만 권이나 팔렸다. 책은 전 세계에 10여 개 언어로 번역돼 지금도 꾸준히 애독되고 있다. 냉전시대 소련에서는 『침묵의 봄』을 비밀리에 번역하여 소개하기도 했다.

카슨의 삶은 우리에게 강인한 정신이 무엇인지 알려 준다. 뿐만 아니라 자연에 대한 영감과 세상을 바꿀 수 있다는 희망을 부여한다. 『침묵의 봄』이 화학회사의 분노를 산 것은 잘 알려진 사실이다. 화학회사의 대표들은 카슨을 법정소송으로 위협하며 히스테리컬한 여인이라는 꼬리표를 달았다. 그러나 그녀는 동요하지 않았다.

『침묵의 봄』이 출판된 후 법정에서 증언을 할 때 카슨은 방사선 치료의 후유증을 감추기 위해 가발을 썼다. 책이 출판된 지 2년도 안 돼 카슨은 암전이로 생을 마감했다. 그 가운데서도 카슨은 당당함을 잃지 않으려 노력했다. 특히 그녀는 우리가 처한 환경에 대해 올바로 인식하고, 행동양식을 변화할 수 있다는 점을 가르쳐 주었다. 눈을 감기 전 카슨은 "죽음은 두려운 것이 아니에요. 참으로 아름다웠어요"라고 말했다.

한편 레이첼 카슨은 어머니로부터 자연을 사랑할 줄 아는 감성을 배웠다. 어머니 역시 작가 지망생이었다. 어머니는 막내딸인 카슨에게 자연에 대한 영감을 부여한 스승 같은 존재였다. 어머니는 카슨을 데리고 숲에서 산책을 하며 자연의 경이로움을 깨칠 수 있도록 기회를 주었다. 유년 시절의 기억은 카슨에게 평생 각인됐다. 창의적 영감은 자연 속에서 나왔다.

하지만 현실은 달랐다. 문학을 좋아해 작가가 되고자 했으나 현실의 벽 앞에서 생계를 위해 일을 선택할 수밖에 없었다. 어렵게 학교를 다닌 카슨은 어업국의 출판 담당 하급 공무원으로 일하며 가족을 부양했다. 결혼에 실패한 언니를 돌보았고, 그 언니의 조카들까지 보살폈다. 그런 이유에서인지 카슨은 독신으로 지냈다. 카슨은 평생 자연과 어우러져 바닷가 오두막집에서 살았다.

2007년은 레이첼 카슨이 태어난 지 100년이 되는 해였다. 이를 기념하듯 '침묵의 봄 연구소' 캐들린 앳필드 상임연구원은 우리나라를 방문해 환경호르몬이 유방암에 미치는 영향을 주시하고 당장 행동에 나서야 한다고 설파했다. 현재 한국 여성들에게 유방암은 심각한 문제로 떠오른 상황이다. 우리나라 여성들이 제일 많이 걸리는 암이 유방암이다. 우리나라 전체 암 발병률에서도 유방암은 위암, 대장암에 이어 세 번째로 많다. 최근 분석에 따르면 유방암 치료를 위해 한 해에 9,000억 원이 지출되고 있다.

레이첼 카슨 역시 유방암으로 세상을 떠났다. 하지만 그녀가 온 몸을 던져 『침묵의 봄』에서 제기한 문제의식은 지속되고 있다.

삶의 여정을 찾아서

 레이첼 루이스 카슨(Rachel Louise Carson)은 1907년 5월 27일에 태어나 1964년 4월 14일에 세상을 떠났다. 어릴 적부터 글쓰기에 재능을 보여 작가의 꿈을 꾼 레이첼 카슨. 그녀는 미국 펜실베이니아 주 시골 마을인 스프링데일에서 태어나 교육열이 높은 어머니 마리아 카슨 밑에서 자랐다. 어머니는 전직 교사였다. 아버지 로버트 카슨은 보험판매 일을 하며 부동산에 투자했다. 집안은 가난했다. 카슨은 어렸을 적부터 어려운 살림 때문에 성격 형성 등에서 많은 영향을 받았다. 반면 가난은 그녀가 성장할 수 있는 동력이기도 했다.

 카슨은 한 살 때부터 어머니를 따라 숲과 과수원을 다녔다. 집에서 기르는 개를 데리고 나가 어머니와 함께 새에 대해 이야기하고 언니 마리아와 오빠 로버트를 기다렸다. 그녀의 예리한 관찰력과 세세한 것을 집어내는 능력은 이때부터 형성되기 시작했다.

어린 시절 그녀는 베아트릭스 포터 작품에 나오는 토끼를 좋아했다. 또한 케네스 그레이엄의 『버드나무에 부는 바람』에 나오는 두꺼비, 두더지 등을 좋아했다. 그래서인지 카슨은 직접 동물에 관한 이야기를 썼다. 아울러 카슨은 바다와 관련한 책을 섭렵했다. 그녀는 여러 작품을 발표하고 고료를 받는 작가 생활을 이때부터 벌써 시작했다. 첫 작품은 「구름 속의 전투」다. 1918년 「성 니콜라스」 9월호에 게재된 이 글은 문체가 빼어나 은메달을 수상했다. 글의 내용은 제1차 세계대전에 대한 이야기로, 군에 입대한 로버트가 보낸 편지에서 모티브를 얻었다.

카슨은 사정상 학교를 나가지 않는 날이면 해양과 항해에 관한 글과 시를 쓴 저자들에게 관심을 기울였다. 허먼 멜빌, 조지프 콘래드, 로버트 루이스 스티븐슨 등을 읽었다. 이 때문에 친구와 사귀는 것이 그리 쉽지 않았다.

그녀는 고등학교를 수석으로 졸업하고 1925년 펜실베이니아 여자대학교(오늘날 채텀 대학, Chatham University)에 입학하여 생물학을 전공했다. 대학은 세계 철강의 중심지가 된 피츠버그에 자리 잡고 있어서 공기가 그리 좋지 않았다. 카슨은 원래 작가가 되기 위해 영문과에 들어갔다. 한 영작문 수업에서 그녀는 본인을 이상주의자라고 소개하며 다음과 같이 썼다. "이따금 목표를 잃어버리기도 하지만 이내 다시 '눈부신 비전'을 지키려는 새로운 결의로 스스로를 가득 채운다. (중략) 사람들은 틀림없이 자신이 알 수 있거나 하늘이 점지해 준 용도 이상의 지점까지 도달한다고 믿는다." 1학년이 끝나 갈 무렵까지 카슨은 「숲의 아침」 「선박용 등(燈)의 거장」 등의 작품을 썼다. 숲 속 자연과 바다에 대한 본격적인 이야기가 시작된 것이다.

카슨은 2학년 때 들은 기초생물학 강의에 심취해 전공을 바꿨다. 강의는 까다롭기로 유명한 메리 스콧 스킨커 교수가 맡았다. 카슨에게 이 수업은 인생을 바꾸는 계기가 됐다. 스킨커 교수는 여성들도 과학교육을 받아야 한다는 입장을 유지해 학교 측과 작은 갈등을 겪곤 했다. 결과적으로 생물학은 자연을 알게 해 준 또 다른 창(窓)이었다. 그런데 카슨은 생물학이 글쓰기를 위한 좋은 소재라고 나중에 친구에게 고백했다고 한다. 전공을 바꾼 이유가 사실 따로 있었던 것이다. 절친한 친구 마조이는 카슨에게 언젠가 훌륭한 작가가 될 것이라고 말하기도 했다.

1929년 6월 카슨은 펜실베이니아 여대를 최우등으로 졸업했다. 그 가운데 본인이 존경하던 스킨커 교수가 학교를 떠났다. 하지만 스킨커 교수와는 자주 편지를 주고받으며 소식을 전했다. 특히 대학원을 진학하거나 장학금을 받는 데 스킨커 교수는 직접적인 영향을 끼쳤다. 대학 졸업 후 카슨은 우즈홀 해양생물연구소에서 초보연구자 자격으로 일을 했다. 같은 해에 우즈홀 해양생물연구소의 하계 장학생이 되고 나서, 가을에 그녀는 존스홉킨스대 동물학과 대학원에 진학했다. 대학원

진학은 학비 문제 때문에 두 번의 도전 끝에 이뤄졌다.

대학원 생활은 전반적으로 만족스러웠다. 학문적 분위기나 학업에 대한 지원 등은 이전에 비교할 바가 아니었다. 조교로 일하면서 접한 실험실 환경 등은 더 넓은 세상을 보여 줬다. 학문적 측면에서 어려움이 없었던 건 아니다. 본인의 연구가 진척이 없고 무엇을 학위 논문으로 써야할지 막막할 때도 있었다. 생활고도 여전했다. 특히 대공황과 맞물려 경제사정이 더욱 안 좋아졌다. 그래서 중간 중간 일거리를 계속 찾아 나섰다.

불굴의 의지로 어려움을 극복한 카슨은 1932년 6월 14일 마침내 「배아기와 치어기의 메기 콩팥 발달에 관한 연구」로 동물학 석사 학위를 받았다. 심사는 동물학과의 앤드루스와 코울스가 맡았다. 심사위원들은 논문에 대해 전반적으로 칭찬을 아끼지 않았다. 이 같은 과정을 겪으며 그녀는 박사과정에 진학했으나 안타깝게도 학업을 중단했다. 경제적 어려움 때문이었다. 언니와 오빠는 번번한 직장을 갖고 있지 못했다. 카슨은 생계를 위해 투고하지만 번번이 거절당했다.

1935년 카슨은 어업국(Bureau of Fisheries) 직원이자 생물학자인 엘머 허긴스(Elmer Huggins)의 도움으로 우연히 해양생물에 관한 라디오 프로그램 원고를 쓴다. 허긴스와 카슨은 스킨커 교수의 주선으로 이미 만난 적이 있었다. 허긴스는 카슨의 글을 본 적이 없지만 모험을 한번 해 보기로 했다고 말했다. 그녀는 이곳에서 업무로 실력을 인정받았다. 또한 틈틈이 「볼티모어 선」 등에 원고를 보내기도 했다. 경제적 어려움을 타개하기 위해 시작한 시간제 업무가 카슨의 삶을 다시 바꿔 놓았다. 한편 기회가 주어지지 않아서 그렇지 카슨은 원래 학생들을 가르치고 싶어 했다. 그녀는 교편을 잡을 수 있는 여러 곳에 지원하기도 했다.

그녀는 1936년부터 1952년까지 16년 동안 어류 및 야생동물국(Fish and Wildlife Service)에서 근무했다. 어업국이 사무직이 아닌 연구직에 여성을 고용하기는 그때가 처음이었다. 그녀는 과학연구 분과 수생생물학자로서 어류에 관련된 보고서나 소책자를 작성했다. 1942년 5월엔 우여곡절 끝에 부(副)수생생물학자로 승진했다. 일이 적성에 맞아 카슨은 이후 미국 어류 및 야생동물국에서 발간하는 출판물 편집 책임자 자리까지 올랐다.

산문을 좋아해 카슨은 퇴근 후 글쓰기에 집중했다. 1941년 「애틀랜틱 먼슬리(Atlantic Monthly)」에 해양 자연사에 대해 쓴 글들을 묶어 『바닷바람을 맞으며』라는 책을 출판했다. 책은 바닷새, 고등어, 뱀장어 등에 대한 이야기를 서정적으로 담아내면서도 한편으로 생태학적으로 충실히 조명하려고 했다. 카슨은 가능한 한 해양동물들의 실제 모습을 알리고 싶었다. 인간의 관점이 아닌 그 자체로서 나타내고자 한 것이다. 어렸을 때부터 동물을 좋아한 그녀의 심성이 책을 통해 드디어 결실을 맺었다. 이 책은 내용에 대해선 호평을 받았지만 전쟁의 여파로 많이 팔릴 수 없었다.

1951년 해양 자연사에 관한 두 번째 책 『우리를 둘러싼 바다』를 출판함으로써 카슨은 유명인사가 됐다. 1948년 카슨은 저작권 대리인 마리 로델과 만났다. 카슨보다 다섯 살이나 어린 마리 로델은 4개 국어를 유창하게 했다. 또한 뉴욕 출판 시장에서 수완이 좋았다. 카슨은 마리 로델의 도움으로 옥스퍼드대학교 출판사를 통해 책을 펴냈다. 책의 원래 제목은 '바다로의 회귀'였는데 여러 번의 수정 작업을 거쳐 '우리를 둘러싼 바다'로 결정이 났다. 카슨은 이 책의 서문에서 "바다는 항상 사람들의 마음과 상상력을 자극해 왔고, 지금도 지구의 거대한 마지막 경계로 남아 있다. 바다는 너무나도 광대하고 접근이 어려운 영역이어서 온갖 노력에도 불구하고 우리는 아직도 그중 극히 일부만 탐사했을 뿐이다"라고 적었다. 미지의 바다를 탐험하고자 하는 강렬한 의지가 느껴진다.

카슨은 1952년 『우리를 둘러싼 바다』로 '내셔널 북 어워드'를 수상했다. 그녀는 수상소감에서 "만약 바다에 관한 제 책에 시가 있다면, 그것은 제가 일부러 그것을 거기에 집어넣은 것이 아니라, 시를 빼놓고는 바다에 대한 글을 제대로 쓸 수 없었기 때문이다"라고 말했다. 같은 해에 '존 버로스 기념 메달 수상, 필라델피아 지리학회의 '헨리 그리어 브라이언트 금메달 수상이라는 겹경사를 맞았다. 이 책은 32주간 베스트셀러 1위를 차지했다. 또한 86주 동안이나 베스트셀러 순위에 올랐다. 이러한 기쁨과 더불어 카슨은 좀 더 많은 글을 쓸 수 있는 자유와 명성을 얻게 됐다.

바다에 대한 사랑은 여기서 멈추지 않았다. 1952년 직장을 그만두고, 1955년 동부 대서양 해안을 주로 다룬 『바다의 가장자리』를 출판했다. 이로써 바다 3부작, 『바닷바람을 맞으며』 『우리를 둘러싼 바다』 『바다의 가장자리』가 완성됐다.

환경운동의 기폭제 『침묵의 봄』

1958년 1월 12일 「보스턴 헤럴드」는 살충제로 인한 야생 동식물의 피해 사례를 상세히 다뤘다. 특히 연방정부의 살포로 인해 발생할 수 있는, 인간에게까지 미칠 수 있는 잠재적인 위험을 경고했다. 문제는 농무부가 몇몇 주 기관들이 매미나방, 모기떼의 습격을 퇴치하기 위해 땔감으로 쓰는 기름에 DDT를 섞어 살포한 데서 발생했다. 신문은 뉴햄프셔 주 힐스보로에 사는 유기 원예가이자 자연주의자인 베아트라체 트럼헌터의 중독 반대에 대한 편지도 실었다.

『침묵의 봄』을 쓰기로 마음먹은 것은 1958년 1월, 메사추세츠에 사는 친구 허킨스가 이러한 소식을 편지로 보내오면서부터였다. 허킨스는 조류학자로서 「보스턴 포스트」의 전 문학 담당 편집자였고, 이전에 『우리를 둘러싼 바다』에 대한 좋은 서평을 「보스턴 포스트」에 실어 줬다. 이에 대해 카슨이 감사의 편지를 썼고 둘은 가끔씩 편지를 주고받는 사이가 됐다. 허킨스는 DDT 살포로 인해 새들이 죽었다는 사실을 카슨에게 알려 줬다. 카슨은 이전부터 DDT의 악영향에 대해 관심을 기울였다. 한번은 「리더스 다이제스트」에 DDT의 악영향을 고발하는 글을 투고했으나 광고 문제로 거절당하기도 했다.

『침묵의 봄』의 집필 과정은 순탄치 않았다. 이 책은 카슨이 병마와 겨루며 4년 동안 살충제의 문제점에 대한 자료를 조사하고 집필한 끝에 탄생했다. 십이지장궤양, 축농증, 바이러스성 폐렴, 악성 종양 등이 카슨을 괴롭혔다. 어머니를 잃은 슬픔 또한 컸다. 어머니는 카슨에게 평생의 조력자이자 스승이자 친구였다. 그래서 린다 리어는 이 책을 완성했다는 사실만으로도 충분히 카슨을 주목할 만한 이유가 있다고 적었다.

『침묵의 봄』을 위한 철저한 자료 조사의 양도 방대했다. 카슨은 워싱턴의 여러 도서관을 다녔다. 『침묵의 봄』 맨 뒤에 주요 정보의 목록으로 들어간 색인은 거의 600개에 달한다. 중복을 허용한다 해도 엄청난 양이다. 이런 면모를 통해 카슨의 학문적 성실함이 어느 정도였는지 가늠할 수 있다. 카슨은 살충제에 노출된 사례를 철저히 추적했고 생태적 위협의 증거도 충분히 확보했다. 세포분열, 돌연변이, 화학약품 등 전문용어에 대해선 교수나 학자들을 통해 검증까지 받았다. 완벽주의 성향이 있던 카슨은 논리적 차원 혹은 지식 차원에서의 오류를 스스로 용납할 수 없었다.

마침내 1962년 6월 16일 「뉴요커」에 『침묵의 봄』 축약본 제1회가 실렸다. 23일, 30일에 제2회, 제3회가 각각 실렸다. 카슨은 횟수가 더 길어지면 독자들의 주의력이 떨어질 수 있다면서 원고를 총 3회만 내보냈다. 『침묵의 봄』은 나오기 전부터 세간의 주목을 받았다. 책은 극단적 과학주의가 불러온 환경오염의 결과를 낱낱이 폭로했다. 책에 대한 반향 속에서 카슨은 최우선 과제로 '살충제위원회'를 만들자고 제안했다. 책이 출간된 후에도 자신의 생각을 계속 밀고 나간 것이다.

하지만 『침묵의 봄』은 하마터면 세상의 빛을 보지 못할 뻔 했다. 「뉴요커」에 연재했던 내용들이 책으로 출간될 때 농약 제조업체와 화학업계 등이 각종 모략으로 방해했기 때문이다. 살충제 제조사 동업자 조합인 NACA는 고소하겠다고 협박했고 25만 달러나 들여 카슨의 업적을 깎아내리는 홍보물을 만들었다. 시카고 벨시콜 화학회사는 출판사를 명예훼손으로 고소하겠다고 협박했다. 벨시콜 법률 고문 루이스 맥린은 출간 전에 소송을 제기할 것이라고 으름장을 놓았다. 그래서 『침묵의 봄』을 낸 휴턴미플린 출판사는 추가로 보험을 든 후에야 책을 펴낼 수 있었다. 전국해충방제협회는 레이첼을 조롱하는 노래까지 만들 정도였다. 하지만 거꾸로 이러한 시도들이 『침묵의 봄』을 더욱 유명하게 만들었다.

카슨이 농약업계와 정면대결을 벌이는 장면들은 영화 <인사이더>(마이클 만 감독, 1999)를 생각나게 한다. 미국의 담배회사에서 연구개발을 하던 주인공(러셀 크로우 분)은 판매량 증대를 위해 인체에 치명적인 화학물질을 담배에 넣으라는 회사에 반대한다. 이 때문에 해고된 주인공은 시사 고발 프로그램인 <CBS 60분>의 PD(알 파치노 분)와 함께 생명을 위협하는 거대 회사 권력에 맞선다. 『침묵의 봄』에 대한 비난에 대해 카슨은 몸이 아파 제대로 반론하기 힘든 적이 많았다. 이런 상황에서 비영리 환경단체에서 일하는 로랜드 클레멘트는 영화 속에서 PD가 주인공에게 도움을 주듯, 카슨의 메시지를 옹호하는 데 큰 역할을 했다.

『침묵의 봄』은 출간되자마자 많이 팔렸다. 특히 대중의 관심이 폭발한 건 그 당시 발생한 일련의 사건들 때문이다. 수면제인 탈리도마이드는 기형아를 출산하게 만든 원인으로 지목돼 있었는데 미국의 제약사들이 이것의 시판을 시도했다. 대중들은 화학물질에 공포를 느꼈고 관료들에게는 분노를 나타냈다. 이런 시점에 출판된 책은 자연히 화제에 올랐다. 출판일인 1962년 9월 27일 선계약을 통해 이미 4만 부가 배포될 예정이었다. 또한 '이달의 책(The Book of the Month)' 클럽은 『침묵의 봄』을 10월의 책으로 선정했다. 책은 출간된 해에 「뉴욕타임스」의 베스트셀러 목록 1위를 줄곧 지켰다. 1964년 카슨이 죽을 무렵엔 100만 부 이상이 팔렸다. 한편 『침묵의 봄』은 미국 랜덤하우스 출판사가 선정한 20세기 100대 논픽션 중 5위에 꼽혔다.

책에 대한 갑론을박도 끊이지 않았다. 특히 산업계에선 아메리칸 시안아미드 사의 로버트 화이트스티븐스 박사가 주요 비판자였다. 그는 카슨에 대해 "자연 균형을 숭배하는 교단의 광신적인 옹호자"라고 비난했다. 또한 카슨은 기업을 옹호하는 한 남성으로부터 공산주의적 성향을 드러내는 것이라는 비난까지 받았다. 심지어 언론은 결혼하지 않은 이유를 집요하게 파고들었다. 이 때문에 『침묵의 봄』이 가진 문제의식에 대해 여성이 부리는 히스테리가 아니냐는 비난도 있었다. 또한 박사 학위가 없기 때문에 카슨은 전문적 과학자가 아니라는 비아냥거림까지 나돌았다. 이러한 비난들에 대해 카슨은 일일이 반박할 필요성을 느끼지 못했다.

한편 오듀본협회(National Audubon Society)의 롤런드 클레멘트는 공개 논쟁에서 『침묵의 봄』을 적극적으로 옹호하며 다녔다. 한번은 화이트스티븐스 박사와 라디오를 통해 논쟁을 벌이기도 했다. 오듀본협회는 박물학자이자 미술가인 존 제임스 오듀본을 기려 만든 비영리 환경단체다.

마침내 『침묵의 봄』은 미국에서 1969년 '국가환경정책법'을 제정하게끔 만들었다. 1970년엔 지구의 날(Earth Day, 4월 22일)이 제정돼 전 세계의 관심을 이끌었다. 해마다 지구의 날에는 자연보호와 환경오염, 생태계 파괴 등에 대해 경각심을 높이는 다양한 행사를 펼치고 있다.

더 나아가 『침묵의 봄』은 전 세계적으로 환경윤리의 중요성을 일깨우고 1992년 '리우 선언'까지 이끌어 내는 동력이 됐다. 환경과 개발에 관한 기본원칙을 담은 리우 선언은 '지속가능한 개발'의 개념으로 유명하다.

그러나 사실 『침묵의 봄』은 기업의 화학연구에는 실질적으로 큰 영향을 못 미쳤다고 한다. 사회적 파장 속에서도 화학회사는 꿈쩍도 하지 않을 만큼 거대했던 것이다. 단지 경제적 이윤과 정치적 연결고리만을 위해 치닫던 화학회사가 환경문제에 관심을 둘 리 만무했다. 맥길리브레이는 뒤퐁 사의 과학자

기드온 힐이 린다 리어와 인터뷰한 내용을 토대로 다음과 같이 적었다. "뒤퐁 사의 살충제 연구와 개발에서 최대의 상황 변화는 1962년 이후에 일어났는데, 그것은 『침묵의 봄』때문이라기보다는 새로운 기획의 가능성 때문이었다."

1964년 4월 레이첼 카슨은 메릴랜드 주 실버스프링 자택에서 56세의 나이로 세상을 떠났다. 사인은 유방암. 같은 해 6월 25일 카슨의 친구들과 동료 과학자들은 록펠러 대학의 '공공정보를 위한 과학자협회'에 모였다. 이들은 '레이첼 카슨 위원회'를 설립하기로 결정했다. 그녀는 1980년 정부로부터 자유훈장(Presidential Medal of Freedom)을 받았다. 카슨의 원고 및 편지 등은 대부분 예일대에 기부됐다.

한편 1993년엔 카슨의 책 이름을 딴 연구소가 설립됐다. 미국 '침묵의 봄 연구소(Silent Spring Institute)'가 그것이다. 연구소는 미국에서 유방암 발병률이 가장 높은 5개 주 중 한 군데인 매사추세츠 주에 설립돼 환경호르몬이 여성 건강에 미치는 영향을 주로 연구하고 있다.

과학자, 의사, 공중보건 옹호자, 지역사회 운동가 등이 연대해 연구소를 세웠다. 연구소에 따르면 오늘날 사용되는 화학 물질은 무려 8만 7,000여 가지다.

해양생물학자로서 한생을 살다간 카슨은 '20세기 중요 인물 100명' 중 한 사람으로 꼽혔다. 또한 『침묵의 봄』은 세계를 대표하는 100인의 석학들이 선정한 '20세기를 움직인 10권' 중 4위를 차지했다. 미국 시사지 「타임」이 선정하지 않더라도 그녀는 중요한 혹은 위대한 인물로서의 삶을 살았다. 2009년, 한국간행물윤리위원회는 『침묵의 봄』을 대학 신입생을 위한 추천도서 20종에 포함시켰다. 환경재단은 '레이첼 카슨 홀'을 만들어 그녀의 업적을 기리고 있다.

독존이 아닌 공생을 위하여: 『침묵의 봄』

봄이 침묵하는 이유

1959년 일어난 넌출월귤(이끼 속이나 소산 습기 많은 곳에서 자라는 쌍떡잎식물. 진달래목 진달랫과의 낙엽활엽 관목) 사건은 향후 미국인들이 『침묵의 봄』에 주목하지 않을 수 없게 만들었다. 카슨은 『침묵의 봄』을 위한 연구에 몰두하면서 이 사건의 교훈을 잊지 않았다. 사건의 전말은 이렇다.

새로 나온 제초제 아미노트리아졸은 수확이 끝난 후에 넌출월귤 밭에 사용하는 것이 허용됐다. 그러나 1957년 일부 재배업자들이 수확인 끝나기 전에 이 제초제를 뿌렸다. 미국식품의약국(FDA)은 넌출월귤에서 제초제 성분이 검출되자 모두

회수하도록 조치했다. 그런데 1959년 쥐 실험에서 제초제에 발암물질이 있는 것이 확인됐다. 이를 둘러싸고 보건교육복지부, 재배업자들과 정치가들이 한바탕 소동을 벌였다. 정부의 살충제 관리에 허점이 있는 것을 보여 준 셈이었다. 더욱이 카슨은 1959년 11월 FDA의 넌출월귤 금지에 관한 청문회에 참가했다가 살충제 산업계가 큰 문제점을 안고 있다는 것을 목격했다. 온갖 금품 로비와 불충분한 자료 등으로 생태계를 파괴하고 있었던 것이다.

살충제의 위험성에 대해 증언하는 청문회에 참가하기 1년 전인 1958년, 앞서 언급했듯이 카슨은 친구인 올가 오언스 허킨스로부터 편지를 한 통 받았다. 허킨스는 카슨에게 1958년 1월 12일자 「보스턴 헤럴드」에 실린 동해안의 '집단 중독'에 대해서 편지를 보냈다. 내용인즉 뉴잉글랜드 지방에서 나방과 모기를 없애기 위해 DDT를 숲 속에 대량 살포했는데 이로 인해 새들이 죽었다는 것이다. 『침묵의 봄』은 이러한 배경들 속에서 탄생했다. 참고로 책 제목은 편집자인 폴 브룩스와 에이전트인 마리 로델이 제시했다. 카슨은 애초에 '자연의 지배'를 제목으로 염두에 뒀다.

『침묵의 봄』은 제1장 '내일을 위한 우화'로 시작해 제17장 '가지 않은 길'로 끝난다. 방대한 주석은 차치하고 책 내용 안에서 인용되는 슈바이처, 다윈 등에 대한 해박한 지식은 독자를 사로잡기에 충분하다. 카슨은 생물학자일 뿐만 아니라 작가였던 것을 스스로 증명한 셈이다.

세상은 비탄에 잠겼다. 그러나 이 땅에 새로운 생명 탄생을 금지한 것은 사악한 마술도 아니고 악독한 적의 공격도 아니었다. 사람들 자신이 저지른 일이었다.

-『침묵의 봄』, 35쪽.

영화 <눈먼 자들의 도시>(페르난도 메이렐레스 감독, 2008)는 볼 수 없음의 상태를 역설적이게도 하얗게 설정했다. 눈을 감으면 캄캄해야 할 텐데 오히려 흰 색깔로 그려진다. 『침묵의 봄』 제1장에는 새들의 소리가 사라진 세상이 묘사된다. 마을을 감싸고 있는 들판과 숲과 습지에는 오직 침묵만이 감돌았다. 죽음의 공간, 그 속에 소리는 없다. 하지만 눈먼 자들이 하얀 세상을 보듯 절규하는 소리가 들리는 듯하다.

카슨은 서두에서 책을 집필한 이유를 피력한다. 미국의 한 마을이 참혹하게 변화한 모습을 묘사하면서 질문을 던진다. "오늘날 미국의 수많은 마을에서 활기 넘치는 봄의 소리가 들리지 않는 것은 왜일까?" 그에 대한 설명이 바로 『침묵의 봄』이다.

침묵하는 봄이 안타까운 이유는 카슨의 다른 저서에서도 발견된다. 그녀가 죽은 후 출간된 『자연, 그 경이로움에 대하여』의 '영원한 치유'에선 자연을 통해 영혼이 되살아난다고 적었다. 철새들의 이주, 썰물과 밀물의 오고감, 새봄을 알리는 꽃봉오리들은 아름다울 뿐만 아니라 철학적 심오함도 있다는 것이다. 카슨은 "밤이 지나 새벽이 밝아 오고, 겨울이 지나 봄이 찾아오는 일, 이렇게 되풀이되는 자연의 순환 속에서 인간을 비롯한 상처 받은 모든 영혼들이 치료받고 되살아난다"라고 강조했다. 이 때문에 특히 어린 시절 자연에 대한 경이의 감정을 간직하고 강화시키는 것이 중요하다. 인생의 황금기인 어린 시절을 기쁘게 보내기 위해선 인간 삶의 경계 저 너머 어딘가에 있는 그 무엇을 새롭게 깨달아야 한다. 하지만 침묵하는 봄 안에선 이러한 아름다움과 심오함을 느낄 수 없다. 이와 관련 린다 리어는 카슨에게 있어 자연주의적인 글쓰기와 대중적인 과학 글쓰기는 인간을 구제하는 매개 수단이었다고 밝혔다. 자연은 인간 영혼을 정화시켜 준다는 뜻이다.

환경오염으로 인한 문제점들을 올바로 인식할 필요가 있다고 주장하는 제2장 '참아야 하는 의무'는 『침묵의 봄』의 총론 격에 해당하는 부분이다. 인간은 지구 안의 생물들이 처음 접하는 합성물질을 만들어 냈고 더 나아가 적응할 여유조차 주지 않았다. 화학약품은 연쇄적으로 작용해 환경에 악영향을 미쳤다. 카슨은 '살충제'가 아니라 '살생제'라고 비판했다.

제3장부터는 구체적인 내용이 시선을 끈다. 제3장 '죽음의 비술'은 모유에서는 물론 태아의 조직에서도 발견되는 합성화학 살충제를 고발한다. "오늘날에는 인생을 시작하는 바로 그 순간부터 화학물질들이 몸속에 계속 축적되는 것이다." 몇 년 전 추산으로 세계는 연 336억 달러를 살충제에 사용하고 있다. 미국은 전 세계 비용의 약 3분의 1을 쓰고 있다. 아직도 미국 가정 4분의 3은 살충제를 사용한다.

그럼 화학물질들은 언제부터 생겨나기 시작했을까? 『야누스의 과학』 김명진에 따르면, 19세기 후반 합성염료 생산에서 비롯된 화학산업은 20세기에 의약품이나 합성고무, 플라스틱 등 산업대체물질로 그 범위를 넓혔다. 이에 따라 시장에는 수많은 합성화학물질들이 쏟아져 나왔다. 합성살충제가 나오기 전에도 국화꽃에서 추출한 살충 성분인 제충국과 비소계 살충제인 파리그린, 비산납 등이 있었다. 이러한 살충제는 합성화학물질들과는 다르게 천연물질로 제조돼 값이 비싸고 인간을 포함한 여러 생명체에까지 강한 독성을 내뿜는다는 단점이 있었다.

카슨에 따르면 살충제는 크게 두 가지 그룹으로 나눌 수 있다. 하나는 염화탄화수소(탄화수소의 염소치환제) 계열이고 다른 하나는 유기인산 계열이다. 전자는 DDT(디클로로디페닐트리클로로에탄), 후자는 말라티온과 파라티온이 대표적이다. 이 장에서는 각 화학물질의 독성 정도와 그로 인해 발생하는 피해 사례를 낱낱이 밝힌다. 인간 대 곤충, 인간 대 잡초와의 전쟁이 그 대상이다.

예를 들어 엔드린이 포함된 살충제로 바퀴벌레를 잡으려고 했던 미국의 어느 부부의 사례는 끔찍하다. 집 안에 뿌린 살충제를 잘 닦아낸 후 강아지와 아기를 데리고 오후에 돌아왔다. 그런데 그 독성을 못 견딘 강아지는 토하며 발작을 하는 가운데 죽었다. 또한 갓난아이는 회복이 불가능할 정도로 의식을 잃어버렸다. 책에는 이처럼 무서운 사례들이 낱낱이 열거되고 있어 독자의 경종을 울린다.

자연의 소중함을 일깨우는 이야기는 계속된다. 특히 자연과의 공존을 강조하는 부분들이 눈에 띈다. 사실 인간 대 자연이라는 대립 구도 자체가 개념상 잘못된 전제이다. 인간도 자연의 일부라는 게 카슨을 비롯한 수많은 지성들이 강조하는 바이다. 뒤에선 카슨의 자연관과 생명관을 살펴볼 것이다.

제4장 '지표수와 지하수', 제5장 '토양의 세계', 제6장 '지구의 녹색 외투'는 물과 토양, 그리고 식물의 이야기를 다룬다. 각각은 단순히 그 안에서의 오염으로 끝나지 않고 연쇄반응을 일으킨다는 데 큰 문제점이 있다. 왜냐하면 물은 토양을 통해 식물의 생명을 유지해 주기 때문이다. 먼저 물에 대한 카슨의 이야기를 경청해 보자.

> 수질 오염에서 가장 문제가 되는 것은 지하수의 광범위한 오염이다. 어디에서건 물에 살충제를 살포하는 것은 결국 모든 수자원을 위협하는 것이나 마찬가지다. 자연의 구성 요소들이 각기 폐쇄적으로 분리되어 작동한다면 이렇게 지구 상의 수자원 전체에 문제가 생기는 일도 없을 것이다.
> ─『침묵의 봄』, 73쪽.

1960년 한 특별보호구역에서 새들의 떼죽음이 발견됐다. 농경지의 농약이 관개용수 순환으로 호수에 스며들었고 그로 인해 호수의 플랑크톤이 오염됐으며 다시 물고기가 플랑크톤을 섭취하며 연쇄오염이 일어났다. 마지막으로 물고기를 먹이로 하는 새들이 농약을 피할 수 없었다. 그 후 새가 인간에게 어떤 오염으로 다가올지는 상상에 맡길 수밖에 없을 것이다. 이 때문에 카슨은 물이야말로 모든 먹이사슬을 지탱하는 원천이라고 주장했다.

물과 마찬가지로 토양의 문제 또한 개별적이지 않고 유기적이다. 카슨은 "토양은 서로 연결된 생물들로 촘촘하게 짜여진 거미줄과 같다"라며 "생물은 토양에 의지해 살며, 토양 역시 공동체를 구성한 생물들이 번성할 때에만 이 지구 상에 존재한다"라고 적었다. 지금 이 순간에도 대지는 인간이 내민 오염의 손길에서 벗어나지 못해 신음하고 있다. 책은 전반적으로 생물학을 통해 환경철학을 설파한다. 이 점이 바로 『침묵의 봄』을 읽게 하는 이유다.

책을 보면 화학물질이 인간의 어머니인 대지에 얼마나 치유하기 힘든 생채기를 남기는지 알 수 있다. 흰개미를 죽이려고 사용한 톡사펜 성분은 10년 후에도 모래토양에서 검출된 바 있다. 또한 벤젠헥사클로라이드는 최소한 11년간 토양 속에 남는다고 한다.

문제는 땅에만 국한되지 않는다. 이러한 이유로 농작물을 심기 전에 살충제 사용을 위한 토양 분석을 해야 하는 상황이 오는 건 아닌지 의구심이 드는 것이다. 이는 제6장에 나오는 식물의 문제와 연관된다. 책에 의하면 유기물이 많이 포함된 토양은 비교적 유독성분을 덜 배출하지만 당근은 다른 작물보다 유독성분을 더 많이 흡수한다. 따라서 각 식물이 과연 어떠한 반응을 보이는지 일일이 검사해야 할 순간이 올지 모른다. 그 결과 인간은 쌀 한 톨을 얻기 위해 더 많은 비용을 지불해야 할 수도 있다.

제초제 살포가 끔찍한 이유는 다음과 같다. 화학약품은 식물의 대사작용을 변화시켜 식물의 당분을 일시적으로 증가시키기 때문에 동물들에게 먹음직스럽게 보이도록 한다. 제초제 살포로 잎사귀가 서서히 시들어 가면 동물들에게는 탐스러운 먹잇감처럼 보이는 것이다. 잡초를 제거하려다가 동물들을 잡게 돼 버렸다.

비슷한 사례가 있다. 제7장 '불필요한 파괴'에서는 화학약품으로 인해 곤충이 오염되고 그 곤충을 먹잇감으로 삼는 새들이 다시 오염되는 실태를 고발한다. 약품에 중독 된 투구풍뎅이의 애벌레들이 대지 표면으로 기어 나오면 먹이를 찾은 새들이 연쇄적으로 오염되는 것이다. 이로 인해 그 당시에 지빠귀, 찌르레기, 들종다리, 구관조와 꿩이 눈에 띄게 줄어들었다고 한다.

물, 토양, 식물, 동물의 연쇄적 오염

문제를 해결하는 방법에 대해 카슨은 프랭크 에글러 박사가 제시한 선택적 살포를 제시했다. 선택적 살포는 화학약품을 나무 전체에 광범위하게 뿌리는 것이 아니라 밑 부분만 집중해서 뿌리기 때문에 최소한의 살포가 이루어진다. 원치 않는 식물을 제거하는 또 다른 방법은 식물간의 경쟁을 통한 자연감퇴 혹은 캘리포니아의 클러매스(염소풀) 제거법이다. 이는 염소풀을 먹이로 삼는 딱정벌레를 활용하는 것이다. 마치 모기의 유충을 없애기 위해 미꾸라지를 풀어 놓는 것과 마찬가지다. 곤충은 원하는 식물만 먹이로 삼는다. 곤충의 제한적인 식성을 활용하면 연쇄적 오염을 막을 수 있다.

살충제는 대부분 비선택적이기 때문에 모든 생물이 위협을 받는다. 이런 문제점을 극복하기 위해 제7장에선 특정 해충에만 유해한 박테리아성 병원균이 소개된다. 유충을 흰색으로 변화시켜 일명 '밀크병'이라고 불리는 이 방법은 자연방제법으로서 화학약품에 의한 방제보다 덜 해롭다. 아래는 이러한 맥락에서 곰곰이 읽어보아야 할 부분이다.

> 일반적으로 독극물로 인한 환경오염은 그곳에 사는 생물들에게만 해를 입히는 것이 아니라 철새 등 이주성 동물에게도 치명적인 덫이 된다. 살충제가 뿌려지는 지역이 넓을수록 생물의 기본적인 안전을 지켜주는 오아시스가 없어지기 때문에 피해는 더욱 심각해진다.
>
> ―『침묵의 봄』, 119쪽.

물, 토양, 식물, 동물로 이어지는 오염은 외부를 향한 연쇄반응 차원에서뿐만 아니라 내부에서의 상호반응 차원에서 역시 위험하다. 즉, 한 화학물질의 오염만이 문제가 되는 건 아니다. 두 가지 이상의 화학물질이 결합하면 그 '화학적' 작용으로 인해 상호작용이 일어난다고 카슨은 경고한다.

인간이 예측할 수 있었던 화학물질이 예측 불가능한 상황으로 치닫는 것이다. 그때는 정말 영화에서나 볼 수 있는 각종 재앙이 닥치게 될 것이다.

가령 동물이나 식물체 조직에 머물던 헵타클로는 독성이 더욱 강한 헵타클로에폭사이드로 바뀐다. 제10장 '공중에서 무차별적으로'에선 식품의약국 실험 결과가 나온다. 암컷 쥐가 섭취한 30ppm의 헵타클로는 2주 후에 에폭사이드 165ppm 검출이라는 재앙을 낳았다.

제12장 '인간의 대가'에선 작용 방식이 상이했던 살충제 그룹 사이의 상호작용, 무해했던 화학물질이 다른 물질을 만나 급격하게 변하는 상황이 묘사돼 있다. 유기인산계 살충제는 다양한 약물이나 합성물질, 식품첨가제와 상호작용을 일으킨다. 유기인산계 물질은 간에 손상을 입히는 염화탄화수소류 살충제가 미리 작용한 상태에선 그 독성이 더욱 커진다. 아울러 메톡시클로만 사용할 때는 다량 축적이 이루어지지 않기 때문에 안전하지만 간이 다른 원인 때문에 손상을 입은 상황이라면 평소보다 100배나 많은 메톡시클로가 우리 몸속에 축적된다. 메톡시클로는 DDT의 친척뻘 되는 화학물질이다.

DDT, 현재진행형의 문제

레이첼 카슨의 『침묵의 봄』을 얘기하면서 DDT를 빼놓을 수 없다. 이전 장들에서도 DDT가 간헐적으로 언급되었지만 제8장 '새는 더 이상 노래하지 않고', 제9장 '죽음의 강', 제10장 '공중에서 무차별적으로'에서 좀 더 적나라하게 그 피해가 묘사된다. 공중에서 무차별적으로 뿌려지는 DDT는 숲이 흠뻑 젖을 정도였다. 그 결과 강에선 물고기들이 오염됐고 하늘에선 새들이 노래를 멈췄다.

DDT는 카슨이 책에서 고발한 40년 전이나 지금이나 완전히 해결되지 않은 문제다. 2009년 3월 18일 모 일간지에는 DDT와 관련한 기사가 실렸다. 수십 년 전에 사용된 DDT가 후손들에게까지 영향을 미쳤다는 내용이다. 우리나라에선 이나 벼룩, 모기 등을 박멸하기 위해 DDT를 사용했다. DDT는 국내에서 금지된 지 38년이나 됐다. 그런데 DDT가 사용된 농작물을 섭취하지 않은 어린이들에게서마저 DDT가 검출됐다. 정말 끔찍한 일이 아닐 수 없다. 식품의약품안전청이 의뢰해 조사한 결과에 따르면 전국의 도시·농촌지역 성인 240명, 초등학생 80명 중 23퍼센트에서 DDT가 나왔다.

DDT는 대개 호흡기나 소화기를 통해 흡수된다. DDT는 몸에 한번 흡수되면 좀처럼 분해가 되지 않는다. 흙에 있는 DDT 양이 반으로 줄기 위해서는 최소한 10년에서 15년이 걸린다고 한다.

1950년대엔 세계보건기구(WHO)가 말라리아를 막기 위해 DDT 사용을 적극 권장했으나 카슨의 노력으로 유해성이 제기되면서 1970년대에 사용을 중지했다. 하지만 『침묵의 봄』의 고발과 이후 많은 노력에도 불구하고 DDT를 만들어 내는 미국 화학산업계는 큰 손실을 입지 않았다. 왜냐하면 DDT 사용규제가 미국 내에서만 적용됐기 때문이다. DDT 수출은 허용해 버린 것이다. DDT 사용금지 조처가 시행되었지만 DDT를 생산하던 미국 기업들은 수출용 생산을 지속했다.

DDT는 처음에 너무 많은 사람들에게 뿌려졌다. 그런데 DDT는 즉각 어떤 나쁜 문제를 발생시키지 않았다. 그래서 사람들은 대부분 DDT가 인체에 큰 해가 없을 것이라고 생각했다. 카슨은 이러한 점이 큰 오산이라고 지적했다. 아래는 제3장에서 카슨이 지적한 DDT에 대한 내용이다.

> DDT는 1874년 독일 화학자에 의해 처음으로 합성되었지만 살충제로서의 효능이 발견된 것은 1939년이었다. 그 즉시 DDT는 질병을 옮기고 한밤중에 식량을 축내는 해충들에 대항해 승리를 안겨줄 수 있는 수단으로 인정받았다. 개발자인 스위스의 폴 멀러(Paul Muller)는 노벨상을 받았다. (중략) 소화기관이나 폐를 통해 천천히 흡수되는 DDT는 일단 몸속으로 들어오면 대부분 부신, 고환, 갑상선 등 지방이 충분한 신체장기에 축적된다(DDT 자체가 지용성이기 때문이다). 또 상대적으로 많은 양이 간과 신장 그리고 장기를

감싸고 있는 커다란 보호막인 장간막에도 쌓인다.

－『침묵의 봄』, 52쪽.

  백과사전에 따르면 DDT는 유기염소 계열의 살충제이자 농약이다. 화학식은 $(ClC_6H_4)_2CH(CCl_3)$이다. DDT는 처음에 인도적인 목적으로 사용했으며 빠른 효과를 나타냈다. 1955년 WHO는 전 세계적인 말라리아 추방계획으로 DDT를 적극 사용하여 사망률을 줄였다. 예를 들어 베네수엘라에서는 1943년 말라리아 환자가 800만 명 이상 발생했는데, 1958년에는 800명으로 줄었다. 스리랑카는 1948년부터 1962년까지 DDT를 정기적으로 사용해 연간 250만 명이 넘던 말라리아 환자의 수를 연간 31명으로 줄였다. 1935년 인도에선 말라리아 환자가 1,000만 명 이상이었지만 1969년엔 28만 6,000명으로 대폭 줄었다. 말라리아에만 국한해서 보았을 때 DDT는 1940년대에 500만 명 이상의 생명을 구한 것으로 추정된다.

  지금도 말라리아로 인한 사망자가 많이 속출하는 곳에서는 DDT를 사용하고 있다. DDT로 인한 오염보다는 말라리아로 인한 사망이 더 끔찍하기 때문에 어쩔 수 없는 상황인 것이다. 이 때문에 어떤 이는 『침묵의 봄』 때문에 많은 사람들이 말라리아로 죽었다고 비판했다. WHO에 따르면 말라리아는 현재에도 매해 100만 명을 죽이고 있다. 사하라 이남의 아프리카에선 30초마다 한 명씩 어린이들이 말라리아로 죽어가고 있다. 4월 25일은 세계 말라리아 날(World Malaria Day)로 전 지구적인 도움을 요청하는 때다.

또한 DDT는 발진티푸스의 창궐을 막는 데 효과적으로 사용됐다. 발진티푸스는 제1차 세계대전 때 500만 명 이상의 목숨을 앗아 간 적이 있다. 1944년 1월 이탈리아 나폴리에서 시민과 연합군 병사에게 DDT를 잔뜩 뿌림으로서 발진티푸스를 막았다.

20세기 전반기에 일어난 양차 세계대전으로 인해 DDT 사용은 급격히 증가했다. 김명진은 제1차 세계대전에서 화학적 살충제 사용이 늘어난 두 가지 이유를 들었다. 첫째 전쟁기의 물자 부족과 전염병 창궐 사태가 곤충에 관한 경각심을 불러일으켰다. 둘째 전쟁 중에 사용한 독가스가 살충제 개발에 영향을 미쳤다. 김명진은 전쟁을 겪으면서 늘어난 살충제 사용에 대해 '군사적 비유'라는 표현을 썼다. 그는 "제1차 세계대전을 거치면서 많은 사람들은 해충 구제가 일종의 '전쟁'이며, 해충은 마치 적군처럼 '근절'하거나 '박멸'해야 하는 대상이라고 생각하기 시작했고, 이러한 군사적 비유는 살충제의 확산에 큰 영향을 미쳤다"라고 지적했다.

제2차 세계대전 때에도 비슷한 양상을 나타냈다. 해충은 독일군이나 일본군에 비유돼 박멸해야 하는 대상으로 간주됐다. 군사적 비유가 절정에 달한 것이다. 1944년 미국 정부가 발행한 한 포스터에는 일본군과 말라리아모기가 박멸의 대상으로 묘사돼 있다. 군사적 비유는 전쟁이 끝난 후에도 해충의 박멸을 부추겼고, 합성살충제는 공중보건과 농업뿐 아니라 일반

가정에서도 흔하게 쓰였다.

아울러 DDT의 애초 개발 배경에는 지역적 맥락이 있었다. 뮐러는 스위스가 식량부족 사태를 겪자 해충의 피해를 최대한 줄이기 위해 DDT를 개발했다. 뮐러는 완벽한 살충제를 개발하기 위한 조건으로 일곱 가지를 내세웠다. 첫째, 곤충에게 큰 독성을 나타낼 것. 둘째, 독성 작용이 빨리 드러날 것. 셋째, 포유류나 식물에게는 독성이 거의 없거나 전혀 없을 것. 넷째, 자극이나 냄새가 전혀 없거나 아주 미미할 것. 다섯 째, 작용 범위는 되도록이면 광범위해야 하며, 가능하면 많은 절지동물에게 작용할 것. 여섯 째, 효과가 오래갈 것. 즉, 화학적 안정성이 뛰어나야 함. 일곱 째, 가격이 쌀 것. 뮐러는 화학회사에 다녔기 때문에 마지막 조건이 매우 중요할 수밖에 없는 상황이었다.

1939년 뮐러는 여러 번에 걸친 실험 끝에 황산을 촉매로 사용해 클로랄을 클로로벤젠과 결합시켰다. 이 결과 DDT가 탄생했다. 그러나 DDT는 이미 1870년대에 오스트리아의 한 대학원생이 합성해 생산 방법을 개발한 적이 있었다. 이러한 개발은 그 당시 주목을 받지 못했고 살충효과가 있다는 점도 몰랐다고 한다. DDT의 폐해가 점차 소개되고 1962년 『침묵의 봄』이 출판되자 뮐러는 화학회사에서 나와 개인적으로 살충제 연구를 계속했다.

미국에서의 DDT 사용도 그 당시 맥락을 읽을 필요가 있다. 맥길리브레이에 따르면 1950년 당시 미국인은 일곱 가구 중

한 가구가 논밭에서 일했다. 국민들은 미국이 풍요의 땅이 되어야 한다는 공감대를 이뤘다. 이 때문에 해충이 식량 및 목재, 목화 부문에서 방해꾼이 되도록 놔둘 수 없었다. 1947년 미국에서 DDT 같은 합성살충제의 생산량은 5만 5,800톤이었으나 1960년에는 28만 7,000톤으로 다섯 배 증가했다.

새들의 노랫소리가 사라진 어느 마을. 주민들은 이상 현상에 대해서 조금씩 걱정을 하기 시작했다. 특히 미국인들이 사랑했던 울새가 사라지자 충격은 더했다. 참새목 딱샛과의 새인 울새는, 1954년 한 대학의 구내에서 소규모로 시작된 네덜란드 느릅나무병 방제로 인해 점차 사라졌다. 나무에 걸린 병을 치유하기 위해 DDT가 살충제로 쓰였다. 연구에 따르면 약 1,500미터 높이에서 나무마다 약 0.9킬로그램에서 2.7킬로그램 범위의 DDT를 살포했다.

울새는 DDT에 의해 직접 중독된 것이 아니다. 울새는 지렁이들을 먹이로 삼다가 점차 오염에 휩싸였다. DDT가 무서운 건 중독만이 아니다. 새들의 노랫소리가 사라진 이유는 울새의 죽음, 그리고 울새의 불임과도 연관이 있었다. 번식기 동안 DDT를 투여한 메추라기는 다행히 죽지 않고 정상적으로 알을 낳았다. 하지만 알들은 끝내 부화하지 못했다. 또한 농약이 살포된 농장에서 칠면조가 새끼를 낳지 못했다. 특히 알에서 부화한 새끼 칠면조들은 대부분 살아남지 못했다.

DDT는 인간에게도 영향을 미친다. DDT는 인체의 내분비 계통에 이상을 가져올 가능성이 있는 물질인 환경호르몬이다.

DDT는 세계생태보전기금(WWF)에서 분류한 67종에 포함돼 있다. 2003년 WWF는 영국 사람을 조사한 결과 대부분 DDT와 관련 있는 화학물질이 있음을 알게 된다. DDT 사용이 금지된 지 30년이 지난 때여서 충격은 더했다. 반면 DDT는 스톡홀름협약이 관리대상으로 지정하고 있는 12가지 잔류성 유기오염물질 중 예외적으로 허용되고 있다. 앞서 살펴보았듯이 DDT는 WHO의 기준에 따라 그 효용성 때문에 일부 국가에서 사용되고 있다. 말라리아 퇴치가 더 급한 과제라는 인식을 공유하고 있는 것이다. 참고로 2009년 5월 4일 스톡홀름협약 160여 당사국들은 회의를 통해 잔류성 유기오염물질(POPs) 9가지 물질을 추가하는 것에 대해 합의했다. 새로 포함된 화학물질은 알파 헥사클로로사이클로헥산, 베타 헥사클로로사이클로헥산, 핵사브로모디페닐 및 펩타브로모디페닐, 테트라브로모디페닐 및 펜타브로모디페닐, 클로르디콘, 헥사브로모디페닐, 린단, 펜타클로로벤젠, 페르플루오로옥탄이다.

DDT로 인한 새들의 죽음이 역설적인 이유는 다음과 같다. DDT가 해충을 억제하는 새들을 죽이기 때문이다. 구체적으로 살펴보면 딱따구리는 가문비나무에 사는 엥겔만 갑충의 수를 현저하게 감소시킬 정도로 천적이다. 또한 딱따구리는 사과 과수원의 좀나방 억제에도 유용하다. 박새와 겨울철새는 자벌레를 잡아먹어 과수원 보호에 필요하다. 나무를 살리기 위해 사용한 살충제가 결국 나무를 죽이는 꼴이다. 카슨은 이에 대해 다음과 같이 말했다. "살충제는 새를 죽이지만 그렇다고 느릅나무를 살리지도 못한다. 느릅나무의 생존 여부가 살충제 살포기의 노즐에 달려 있다는 망상은 위험하기 이를 데 없다."

한편 문제는 새들에게만 국한되지 않는다. 나무를 죽이기 위해 살포한 화학약품이 포유류나 육식 조류에게까지 퍼졌다. 영국의 경우, 1959년 11월부터 1960년 4월 사이에 1,300마리의 여우가 죽었다. 그 결과 야생 토끼의 과다한 번식 문제는 더욱 심각해질 수밖에 없었다. 야생 토끼를 잡아먹는 여우가 부족하기 때문에 발생한 문제였다.

그렇다면 과연 어떤 방법으로 나무를 살리기 위한 방제를 할 수 있을까? 1930년 경 느릅나무병에 걸린 목재가 뉴욕 주로 들어왔다. 당연히 뉴욕 주가 이 병으로 인해 가장 타격을 입었을 것 같지만 실제로는 그렇지 않다. 뉴욕 주는 살충제를 살포하지 않았다. 대신 엄격한 환경관리로 문제를 극복했다. 즉, 병에 걸린 나무를 태우고 병을 옮기는 딱정벌레가 번식할 수 없도록 했다. 시라큐스 지역도 비슷한 방법을 통해 느릅나무병을 관리할 수 있었다.

DDT, 하늘에서 강까지 오염

DDT의 문제가 이젠 하늘에서 강으로 다시 내려온다. 1954년 6월 뿌려진 DDT는 다음과 같은 재앙을 낳았다.

강에는 죽은 송어들이 떠올랐으며 길과 숲에서는 죽어가는 새들이 발견되었다. 하천 주변의 동물들 역시 고요함 속에 파묻혔다. 농약을 뿌리기 전에는 자신들의 분비물로 잎, 줄기, 작은 돌멩이 등을 뭉쳐서 집을 만들어 사는 날도래 유충들, 급류가 흐르는 바위에 붙어 있는 강도래 무리, 물살 빠른 곳의 돌 가장자리나 강물이 흐르는 경사진 바위에 붙어사는 검정도래 등 연어와 송어의 먹이가 되는 이런 수중생물이 풍부했다. 그러나 이제 수중곤충들은 그곳에 없었다. DDT로 인해 몰살당했기 때문이다. 그러다 보니 어린 연어들이 먹을 것은 하나도 남지 않았다.

-『침묵의 봄』, 165쪽.

DDT로 인한 오염으로 연어들의 먹잇감이 사라졌다. 이로 인한 결과는 굳이 설명을 하지 않아도 충분히 상상할 수 있다. 또한 DDT는 어류의 시력상실을 초래한다는 사실이 밝혀졌다. 1957년 캐나다의 생물학자가 조사한 결과 물고기들의 시력이 손상돼 제대로 움직이지 못했다고 한다. 캐나다 수산부 조사 결과에 따르면 낮은 농도의 DDT에도 수정체가 불투명해져 시력을 잃었다.

1961년 텍사스 주 오스틴 근처 콜로라도 강에선 어류의 집단 폐사가 발생했다. 원인을 조사해 보니 하수구를 통해 화학약품이 흘러나오고 있었다. DDT, 벤젠헥사클로라이드, 클로르덴, 톡사펜 등을 생산하는 공장에서 제대로 된 정수처리를 하지 않은 것이다. 이 결과 메기, 납작머리메기, 청메기, 줄가시횟대, 개복치류, 모래무지, 큰입베스, 잉어류, 숭어류, 뱀장어 등의 사체가 강 위로 떠올랐다.

어류 폐사가 문제되는 것은 생태계 파괴뿐만 아니라 어업을 통한 식량 수급에도 영향을 미친다는 점이다. 중앙아프리카, 필리핀, 베트남, 태국, 인도네시아 등에서는 여전히 물고기가 중요한 식량원이다. 비단 어류만이 아니라 조개류 등 인간이 바다로부터 얻을 수 있는 수많은 자원이 화학약품의 위협을 받는다. 책에서는 심지어 낚시산업에까지 영향을 끼친다는 사실이 언급됐다.

무차별적 살포로 인한 피해를 막을 수 있는 방법은 없는 것일까? 제10장 '공중에서 무차별적으로'의 제목이 나타내듯이 공중에서 무차별적으로 살포하는 대규모 방제 계획은 미국 농가, 축산업자, 양봉업자뿐만 아니라 일반 시민들에게도 영향을 끼쳤다. 그래서 카슨은 제10장에서 플로리다 주에서 실시한 지역방제를 소개한다. 예를 들어 불개미를 퇴치하는 경우, 각각의 흙무더기마다 화학약품을 살포하는 것이다. 이 방법은 더 효과적이고 비용 또한 저렴하다.

DDT는 생물학적으로 어떻게 유해한 것일까? 제13장 '작은 창을 통해서'에 이에 대한 답변이 나온다. 먼저 미토콘드리아를 이해할 필요가 있다. 미토콘드리아는 세포 소기관의 하나로 세포호흡에 관여한다. 미세한 효소들의 집단인 미토콘드리아는 에너지의 대부분을 만들어내는 일종의 발전소이다. 세포

속에서는 에너지를 생산해 내기 위해 연료를 태우는, 즉 산화작용이 일어난다. 보통 생물은 산소가 있으면 당을 완전히 산화시켜 이산화탄소와 물로 만든다. 미토콘드리아에는 산화과정에 필요한 각종 효소들이 세포벽과 세포막에 정확하고 질서정연하게 배열돼 있다. 산화의 첫 번째이자 가장 예비적인 단계가 세포질 내에서 일어난 후 그 연료 분자가 미토콘드리아로 옮겨와 산화가 완전히 끝난다. 대개 호흡이 활발한 세포일수록 많은 미토콘드리아를 함유한다. 한 개의 세포에 함유된 미토콘드리아의 수는 세포의 에너지 수용에 관계된다. 간세포 1개에는 1,000~3,000개, 식물세포는 100~200개의 미토콘드리아가 있다. DDT, 메톡시클로, 말라티온, 페노타이진 등은 산화과정에 관여하는 효소활동을 억제한다. 즉, 살충제 속 화학물질은 "산화라는 바퀴의 움직임을 방해하는 쇠지렛대 역할"을 하는 것이다.

한편 사람이든 물고기이든 간에 유기체는 생리학적으로 스트레스를 받으면 에너지를 얻기 위해 저장된 지방을 이용한다. 이런 작용으로 지방조직 내에 축적된 DDT가 혈액 속으로 스며 나와 치명적인 영향을 발휘하게 된다. 참고로 1954년에서 1956년 사이 조사에 의면 일반 사람들의 인체 지방조직에서 5.3~7.4ppm의 DDT가 검출됐다.

화학약품 24시 그리고 시민의식

 우리는 일생동안 수많은 화학물질에 노출되어 살아간다. 현대문명이 만들어낸 달콤한 이기를 벗어날 수 없는 상황에서 살충제와 각종 화학약품은 이제 우리와 함께 호흡한다. 일상으로 파고든 '화학약품 24시'는 제11장 '보르자 가문의 꿈을 넘어서'에서 확인할 수 있다. 보르자 가에서는 손님을 초대해 놓고 독살해 죽이는 일이 빈번했다고 한다. 마찬가지로 살충제에 초대된 인간은 그 오염과 폐해로부터 벗어날 수 없다.

 화장실, 부엌, 정원, 골프장, 낚시터 등에서 사용하는 화학물질은 우리를 둘러싸고 있다. 그러면 살충제를 관리 감독하는 식품의약국(한국의 식품의약품안전청)을 믿을 수 있을까? 식품의약국의 한계에 대해 카슨은 다음과 같이 세 가지 점을 지적했다. 첫째, 식품의약국의 인원 부족이다. 이 때문에 주 경계를 넘는 농작물의 1퍼센트도 제대로 검사할 수 없다. 상상해 보라. 공식적으로 유통되는 수많은 농산물과 장터에서 사고 팔리는 작물을 어떻게 일일이 검사할 수 있을까. 둘째, 식품의약국에서 제시하는 '잔류 허용량'의 기준은 비과학적인 실험에서 제시됐다. 실험실 동물로부터 제시되는 허용량은 실험환경이 극히 제한적이라는 점을 간과하고 있다. 통제된 상황과 인공적인 환경에서 제한된 분량의 화학물질만을 먹고사는 동물은 제대로 된 잔류 허용량을 알려 줄 수 없다. 셋째, 화학 잔류물을 측정할 수 있는 과학기술이 부족하다. 광범위하고 오랜 기간 동안 축적되는 화학물질을 일일이 밝혀내기란 애초부터 불가능할지 모른다.

하루 종일 화학약품과 부대끼며 살아가는 우리들은 이러한 점을 인식하고 현 상황을 바꿔 나갈 필요가 있다. 환경오염의 문제는 환경에만 국한되는 것이 아니라 정치·경제·사회적 부문으로부터도 기인하며 시민의식의 부재에서도 비롯된다.

> 결정을 내리는 사람은 우리가 잠시 동안 권력을 맡긴 관리들이다. 이들은 아름다움과 자연의 질서가 깊고도 엄연한 의미를 갖는다고 믿는 수많은 사람들이 잠시 소홀한 틈을 타서 위험한 결정을 내리고 말았다.
>
> ―『침묵의 봄』, 162쪽.

미국에서는 주민들이 약제 살포를 저지하기 위해 법원에 금지 명령을 신청한 사례가 있다. 롱아일랜드 주민들이 1957년 소송을 제기한 것이다. 하지만 이 소송은 거부됐다. 그럼에도 불구하고 소송은 살충제의 대량 살포에 대한 일반인의 경각심을 불러일으켰다고 카슨은 의미를 부여했다. 잘못된 정책에 대한 끊임없는 감시와 비판만이 환경오염의 재앙으로부터 스스로를 지킬 수 있을 것이다. 테크노크라시(기술관료주의)의 시대는 이미 지났다.

인간이 만들어 낸 암

카슨은 본인이 암으로 세상을 떠날 것인지를 감지했는지 제14장 '네 명 중 한 명'에서 인간이 초래한 암을 고발한다. 카슨은 "인간은 생물체 중에서 유독 혼자만 암 유발물질을 인공적으로 만들어 낸다. 인간이 만들어 낸 발암물질들은 지난 몇 세기 동안 우리 환경의 일부가 되었다"라고 지적했다.

암 환자가 '네 명 중 한 명' 꼴로 갈수록 늘어나고 있다는 우려인 것이다. 특히 면역력이 약한 어린이들에게서 발견되는 암은 더욱 충격적이다. 그 당시 보스턴의 어린이 암 환자 전문병원에 따르면 한 살에서 열네 살 사이 어린이 사망자 중 12퍼센트가 암이었다.

원인은 역시 각종 화학물질에 들어있는 성분 때문이다. 제초제로 사용되는 비산나트륨과 살충제로 쓰이는 비산칼슘 등에 들어 있는 비소는 인간과 동물에 암을 유발한다. 또한 진드기 제거제, DDT, 제초제 IPC(isopropyl N-phenyl carbamate)와 CIPC(3-chloro-isopropyl-N-phenyl carbamate), 아미노트라이아졸 등은 종양과 관련이 있는 것으로 알려졌다. 물론 이러한 화학물질들은 단독으로 작용하는 것뿐만 아니라 상호 작용에 의해서 더 무서워진다. 예를 들어 IPC나 CIPC는 피부종양을 유발하는데 우리가 흔히 쓰는 세제가 가세하면 종양은 악성으로 바뀐다. 다시 말해 "한 물질이 세포나 조직에 있어 암 발생에 민감한 상황을 만들어 주면 다른 물질이 암 발생 인자를 활성화시키고 심각한 종양으로 발전시키는 것"이다. 식품위생학에서 보자면 이 두 물질은 자체는 발암성이 없으나 다른 발암인자와 공존하는 경우에 발암성을 나타내는 발암 협력인자이다.

역설적이게도 암 치료 목적의 방사능이 암을 유발한다고 카슨은 적었다. 카슨은 암세포 기원에 관한 연구를 진행한 독일 막스 플랑크 연구소의 생화학자 오토 바르부르크(Otto Warburg) 박사를 인용한다. 비단 방사능뿐만이 아니다. 암을 치료하는 데 사용되는 화학물질 역시 암세포를 죽이는 동시에 암을 발생시킨다. 그 이유는 세포 호흡 과정을 손상시키기 때문이라고 카슨은 설명한다. 카슨은 "이미 잘못된 방식으로 호흡하고 있는 암세포에 또다시 손상을 입히면 그 세포는 죽고 만다. 하지만 정상세포는 처음으로 호흡에 문제를 일으키게 되므로 죽지 않고 살아남아서 악성 질환을 일으키는 것"이라고 강조했다. 1953년엔 근로자들에게서, 1961년엔 동물로부터 바르부르크 박사의 이론이 검증됐다. 책에는 염색체 이상에 의한 정상세포의 암세포 전이도 설명돼 있다. 참고로 카슨은 방사선 치료를 받았다.

그렇다고 일상에서 접하는 수많은 화학적 발암물질을 전부 제거해야 하는 것일까? 아니다. 카슨은 그러한 일은 비현실적이기 때문에 정말 필요한 성분이 아니면 제거하자고 주장한다. 네 명 중 한 명한테서 발병하는 암의 가능성을 줄이기 위해 해야 할 일은 인간 스스로를 제어하는 일이다.

인간의 어리석은 행동에 대해 자연은 스스로를 보호하기

위해 반응한다. 최근 유행하고 있는 신종 인플루엔자만 보더라도 문제는 간단하지 않다. 사람·돼지·조류 인플루엔자 바이러스의 유전물질이 혼합되어 있는 새로운 형태의 바이러스 신종 인플루엔자 A(H1N1)는 인류에게 새로운 위협이 되고 있다. 1997년 5월 홍콩에선 처음으로 조류 인플루엔자 환자가 발생했다. 또한 신종 인플루엔자 감염 환자가 국내에서 확산되고 있다는 소식이 최근 전해지고 있다.

제15장 '자연의 반격', 제16장 '밀려오는 비상사태'는 이러한 현상들에 주목한다. 인간의 오만이 구체적으로 어떠한 결과를 불러오는지 낱낱이 밝히는 것이다. 자연에 대한 카슨의 환경철학은 확고하다. 인간은 자연이 이루는 균형의 일부분에 불과하지만 인간의 자의적 행태는 결과적으로 인간에게 불리한 결과를 초래한다. 예를 들어 곤충방제 프로그램은 두 가지 측면에서 문제점을 안고 있다. 첫째, 인간에 의한 방제가 아니라 곤충들 간에 이루어지는 자연방제가 가장 효율적이라는 점인데, 이런 측면을 인간은 간과하고 있다. 둘째, "환경의 저항이 약해지면 종족을 재생산하려는 폭발적인 힘이 발휘된다는 사실"이다. 공생이 아닌 독존이 불러올 세계는 상상만 해도 끔찍하다. 카슨의 생명관은 그때나 지금이나 유효하다.

자연방제 대 화학방제

1956년 미국 삼림국은 가문비나무 벌레를 방제하기 위해 드넓은 숲에 DDT를 뿌렸다. 하지만 그 결과는 정반대로 나타났다. 가문비나무 벌레가 입힌 피해보다 더 심각한 피해가 보고됐던 것이다. 1957년엔 거미진드기의 재앙이 살충제 살포가 이루어진 곳을 중심으로 덮쳤다. 왜 그랬을까? 그 이유는 거미진드기를 잡아먹는 무당벌레, 흑파리, 포식성 진드기, 노린재 등이 농약에 극도로 민감한 반응을 보였기 때문이다. 이에 따라 거미진드기는 스스로를 보호할 필요 없이 후손을 만들어내는 데 총력을 기울였다. 또 다른 사례는 콩고와 우간다에서 나타났다. 커피 밭 해충 구제를 위해 DDT를 과잉 살포했는데 오히려 이 해충을 잡아먹는 포식곤충이 큰 해를 입었다.

대안은 이미 드러났다. 자연방제 프로그램을 실천하는 것이다. 하지만 1960년 전체 응용곤충학자 중 98퍼센트는 화학살충제 관련 연구에 몰두했다. 나머지 2퍼센트만이 생물학적 방제 분야에서 일하고 있었다. 이런 현상이 나타난 이유는 화학회사들의 대대적인 연구비 투자 때문이다. 그나마 다행인 것은 생물학적 자연 방제를 실시한 피켓 박사가 성과를 거둔 점이다. 살충제 사용을 최소화하고 살포 시기를 조절하며 자연의 힘을 최대화한 이 프로그램을 실시한 결과, 노바스코샤의 과일 재배업자들은 일등품 사과를 더 많이 생산했다. 방제 비용 또한 훨씬 적었다.

참고로 자연방제는 적어도 로마시대부터 시작됐다고 맥길리브레이는 밝혔다. 키레네에선 메뚜기를 일 년에 세 차례 잡도록 법으로 정해 놓았다. 어치와 갈까마귀는 해충을 많이 잡아먹는 것으로 그 당시 농부들에게 알려졌다. 또한 로마와 그리스 저술가들에 따르면 양배추 사이에 나비나물을 심어 배추벌레를 퇴치하곤 했다.

한편 곤충들의 자체 저항력은 갈수록 늘어나고 있다. 1945년 살충제에 내성을 지닌 곤충은 12종 정도였다. 이때는 DDT가 등장하기 전이다. 하지만 새로운 유기 화학물질이 널리 사용된 1960년대엔 137종의 곤충이 내성을 지니게 됐다. 남아프리카에서는 비소계 살충제에 내성을 지닌 진드기 때문에 수백 마리의 소가 죽었다. 곤충의 내성은 농업과 삼림업 분야뿐 아니라 공공보건 분야에서도 심각한 문제라고 카슨은 지적한다. 모기가 전염시키는 황열병과 뇌염 등은 질병을 초래한다.

1945년 말라리아모기를 없애기 위해 살포한 DDT에 집파리와 쿨렉스모기가 내성을 보이기 시작했다. 1948년에는 새로운 화학물질 클로르덴이 사용됐는데 내성이 빠르게 증가했다. 1951년 말까지 메톡시클로, 클로르덴, 헵타클로, 벤젠헥사클로라이드가 해충에 더 이상 효과를 발휘하지 못하게 됐다. 덴마크, 이집트 등에서 비슷한 사례가 발생했다.

우리나라 또한 예외가 아니었다. 한국전쟁 당시, 사람의 몸에 기생하며 피를 빨아 먹는 이를 없애기 위해 한국 군인들에게 DDT 가루를 뿌렸다. 그런데 이상하게도 오히려 이가 늘어났다. 이를 잡아서 분석해 보니 5퍼센트 농도의 DDT 정도로는 아무런 영향을 끼치지 않는 것으로 드러났다. 1960년대 초반, 살충제에 내성을 지닌 모기는 28종으로 늘었다.

카슨은 이에 대해 "생명이란 인간의 이해를 넘어서는 기적이기에 이에 대항해 싸움을 벌일 때조차도 경외감을 잃어서는 안 된다"면서 "지금 우리에게 필요한 것은 겸손함"이라고 밝혔다. 즉, 과학 제일주의를 경계해야 한다는 뜻이다. 카슨의 생명관이 어떠한지 알아챌 수 있는 대목이다. 카슨은 코네티컷 주의 곤충학자 브리에르 박사의 말을 인용해 화학적인 방제가 아니라 생물학적인 관점의 방제를 강조했다.

다음 장에서도 논의하겠지만 카슨의 생명관은 확고하다. 그녀의 생명관을 엿볼 수 있는 구절은 『우리를 둘러싼 바다』 1961년 개정판 서문에서도 엿볼 수 있다. 바로 다음 해에 『침묵의 봄』이 나왔으니 미리 이러한 부분을 염두에 뒀는지도 모른다. 카슨은 "생명이 처음 태어난 바다가 그러한 생명 중 한 종에 의해 위협받고 있는 상황은 기묘하게 보이기도 한다"며 "그러나 바다는 비록 나쁜 방향으로 변한다 하더라도 계속 존재하겠지만, 정작 위험에 빠지는 것은 생명 자체이다"라고 말했다. 한 종이란 인간을 뜻한다. 인간은 방사성 오염 물질을 바다에 버렸다.

과학적 창의성으로 문제 해결

『침묵의 봄』은 로버트 프로스트의 시에 등장하는 두 갈래 길을 소개하며 끝을 맺는다. "아직 가지 않은 다른 길은 지구의 보호라는 궁극적인 목적지에 도달할 수 있는 마지막이자

유일한 기회라 할 수 있다." 제17장은 살충제와 제초제를 뛰어넘는 구체적인 대안에 주목하고자 한다. 특히 과학적 창의성을 통해 인간이 도달할 수 있는 가능한 방법들을 찾고자 한다. 카슨은 "곤충학자, 병리학자, 유전학자, 생리학자, 생화학자, 생태학자 등 광범위한 분야를 대표하는 전문가들이 생물학적 조절이라는 새로운 분야를 위해 자신의 지식과 창의적인 영감을 쏟아붓고 있다"라고 희망을 내비쳤다.

앞서 강조된 생물학적 방제 등과 더불어 이번엔 새로운 방식의 해충 구제 등을 소개한다. 니플링 박사는 독특한 해충방제법을 제시했다. 해충의 수컷을 불임처치 한 다음 풀어 놓는 것이다. 그러면 이 수컷이 다른 수컷과 경쟁하고 승리해 결국 무정란만 만들어져 곤충 개체수를 줄일 수 있다. 불임의 경우, 그전까지 성공 사례로 소개된 X선이나 감마선을 이용한 처치법을 활용했다.

1954년 카리브 해의 큐라소 섬에서 이와 관련한 실험이 성공하자 플로리다 주 목축업자들은 관심을 갖게 된다. 1957년 미국 농무부와 플로리다 주 농무부는 니플링 박사의 방제법을 위한 기금 조성에 나섰다. 그 결과 골치 덩어리였던 검정파리 유충의 개체 수가 줄고 문제점이 개선됐다. 카슨은 "기초 조사와 인내력, 결단력이 뒷받침된 과학적 창의성으로 남동부에서 검정파리 유충을 성공적으로 박멸한 것"이라고 평가했다.

하지만 화학적인 방법을 통한 곤충 불임에 대해 카슨은 거리를 둔다. 카슨은 "화학불임제의 잠재적 위험을 인식하지 못한다면 살충제보다 더욱 심각한 문제를 일으킬 가능성이 있다"고 밝혔다. 물론 방사능을 이용한 검정파리의 불임처리도 인공배양한 수컷을 불임 처리해 풀어놓는다는 문제점이 있다. 왜냐하면 자칫 개체수가 두 배 이상으로 증가할 수 있기 때문이다. 곤충 불임의 위험 가능성에 대한 충분한 조사 없이 방제가 시행돼서는 곤란하다.

아울러 유인물질을 이용한 해충방제에도 카슨은 관심을 기울였다. 예를 들어 수컷 매미나방이 암컷을 잘못 찾아 가도록 유인제를 살포한다. 혹은 수컷 매미나방이 유인제를 묻힌 물체와 짝짓기를 하도록 유도한다. 카슨은 "짝짓기 본능을 비생산적인 채널로 바꾸려는 시도는 문제를 일으키는 해충의 수를 줄이는 데 도움이 될 수도 있지만 아직은 흥미 있는 가능성에 불과하다"라고 말했다. 한편 유인제와 독극물을 섞어 살포하는 방법도 몇몇 실험에선 성공을 거두었다.

유인물질을 이용한 방제법뿐만 아니라 곤충의 소리를 이용한 방제, 미생물을 이용한 박테리아 방제, 천적을 이용한 방제에 대해서도 카슨은 일일이 설명을 더했다. 카슨은 다시 한 번 생물학적 방제에 주목한다. 이 방법은 가격이 비싸지 않고 독성이 함유된 잔류물을 남기지 않는다. 특히 숲에서 효력을 발휘한다. 농장은 인위적이지만 숲은 해충으로부터 자신을 보호할 줄 안다는 뜻이다. 숲불개미나 거미줄, 잎벌 등을 이용한 구체적 사례를 카슨은 제시했다. 천적을 수입해 해충을 성공적으로 방제한 사례가 전 세계 40여 개국에서 보고됐다.

카슨은 "새롭고 상상력 풍부하며 창의적인 접근법은 이 세상이 인간만의 것이 아니라 모든 생물과 공유하는 것이라는 데에서 출발한다"라고 강조했다. 인간과 자연의 공존에 대한 카슨의 언급은 환경윤리에 대한 근원적인 물음을 다시 제기한다.

> 우리가 다루는 것은 살아 있는 생물들, 그 생명체의 밀고 밀리는 관계, 전진과 후퇴이다. 생물들이 지닌 힘을 고려하고 그 생명력을 호의적인 방향으로 인도해 갈 때, 곤충과 인간이 납득할 만한 화해를 이루게 될 것이다.
> ―『침묵의 봄』, 333~334쪽.

레이첼 카슨의 자연관과 생명관

새로운 위험 그리고 환경윤리

언젠가 고래의 떼 지은 자살 소식을 접한 적이 있다. 뉴질랜드 해안에서 발견된 고래 무리의 주검은 많은 것을 생각나게 했다. 고래의 죽음에 대해 여러 분석이 나왔다. 그중 하나는 환경의 이상 징후를 예감하고 미리 죽음을 선택했다는 것이다. 동물들은 환경의 변화에 민감하다. 스스로 죽음을 선택해야 할 만큼 지구가 병든 것은 아닌지 걱정이 든다.

현재 지구 상에서 매년 4만여 종의 생물이 사라져 간다. 이는 환경호르몬 때문이다. 일명 '내분비계 교란물질(endocrine disruptor)'로 불리는 환경호르몬. 호르몬은 혈관을 따라 온몸을 떠돌아다니면서 몸의 각 부분에 반응을 일으킨다. 환경호르몬은 이러한 호르몬의 기능을 저해하거나 정상적인 발달 혹은 대사를 저해할 수 있다.

『침묵의 봄』이 출간된 지 40여 년이 훨씬 넘은 지금도 우리는 무수히 많은 화학물질들 속에서 둘러싸여 살아간다. 다이옥신, 아토피 등의 용어가 더 이상 낯설지 않은 게 우리의 자화상이다. 조홍섭 환경전문기자는 무엇보다 '침묵의 봄'은 지금도 마찬가지라고 썼다. 그는 "카슨은 울새, 홍관조, 굴뚝새들이 사라지고 비둘기, 지빠귀와 참새만 보이는 침묵의 봄을 개탄했다. 요즘 대도시에는 그나마 지빠귀마저 귀하다"며 "무엇보다 우리는 침묵의 봄이 더 이상 부자연스럽지 않은 시대에 살고 있다"라고 개탄했다. 『침묵의 봄』이 고발했던 사안들은 여전히 진행 중이다. 아니, 오히려 더 악화가 되지 않으면 그나마 다행일 것이다.

우리나라는 개발시대에 환경을 생각할 여유가 없었다. 1990년에 들어서야 비로소 환경운동이 조금씩 움트기 시작했다. 물론 현재의 상황은, 『침묵의 봄』이 나왔던 시점과는 매우 다르다. 인류는 환경윤리의식을 제고해 카슨이 경고했던 부분들을 많이 고치려 노력했고 지금도 개선 중이다.

과학이라는 이름으로 자행한, 수많은 비윤리적 행태들을 고치기 위해 몸부림쳤다. 이런 부분을 인식하지 못한다면 인류에겐 희망이 없을지도 모른다.

2009년 지금, 정부는 '녹색성장'이라는 기치를 전면에 내세운 상황이다. 녹색성장(green growth)은 환경(green)과 경제(growth)의 선순환 구조를 만들어 시너지효과를 극대화하려는 것이다. 그린 카 기술, 온실가스 대체물질 개발 기술, 물 처리 선진 기술, 생물자원 활용·복원기술 등에 수천억 원이 투입될 예정이다. 어떤 정치적 목적이 깔려 있는지는 몰라도 환경을 최우선에 둔다는 점은 환영할 만하다. 구체적 실행이 관건이다.

우리는 DDT와 살충제뿐만 아니라 유전자 변형, 기후변화 등 새로운 위험 속에서 살고 있다. 이 때문에 더더욱 과학윤리, 더 나아가 환경윤리가 중요해진다. 카슨은 실질적 필요가 아닌 단순히 경제적 이득을 위한 과학을 경계하고자 했다. 적당량을 뿌려도 되는 살충제를 아무런 검증과 계산 없이 무작정 살포하지 못하도록 한 것이다.

홍성욱 교수는 반과학적 경향에 대한 네 가지 유형을 들었다. 첫 번째, 과학이 자연을 황폐화하고 인간을 기계화해서 우리 삶의 질을 떨어뜨린다는 주장이다. 두 번째, 과학에 유물론적 성향이 강해 인간의 존재론적 지위를 부여하지 않는다는 주장이다. 세 번째, 과학의 방법론이 자연이라는 객체와 인간이라는 주체를 분리해서 다룬다. 두 번째, 세 번째 지적은 인간 더 나아가 자연을 단지 탐구의 대상으로만 본다는 뜻이다. 네 번째는 과학의 성과가 인간이 욕구했던 바에 미치지 못한다는 비판이다. 이러한 이유들에 대해 홍 교수는 과학의 일면을 과학의 전부로 오해한 측면이 있다고 지적했다.

과학의 문제를 과학이 해결할까

여기서 제기되는 문제의식 한 가지. 과연 과학이 야기한 문제를 과학적으로 풀어낼 수 있을까? 예를 들어 광우병(BSE)은 과학화된 목축이 낳은 부작용이다. 문제를 극복하기 위해 과학기술적 측면이 전적으로 다시 등장할 수 있는 것일까? 이에 대한 대답은 반반이다.

중금속 오염 물질을 제거하는 환경정화용 형질전환 식물(GMO)이 생물 연료용 작물로 개발되고 있다. 태안 기름유출 사건 때 제안된 친유성 박테리아 개발은 문제를 친환경적으로 극복할 수 있게 한다. 그러나 GMO의 경우 기아문제를 해결할 수 있다는 장밋빛 예측과는 달리 유전인자 조작이 야기하는 생명윤리 문제 등을 초래한다. 또한 대체에너지를 개발하고 보급하는 데 드는 비용이 너무 크다. 로봇 개발이 야기하는 문제점을 보완하고자 아이작 아시모프가 제창한 로봇 3원칙 등도 결함이 발견돼 계속 보완 중이다.

중요한 것은 제일 먼저 정확하고 객관적인 과학적 정보 및 지식이 공개돼야 한다는 점이다. 광우병 파동에서 여실히 드러났듯이 괴담은 불확실성을 낳고 불안감을 증폭시킨다. 좀 더 납득할 수 있는 정보가 비대칭적이 아니라 대칭적으로 공유된다면 일반 국민들은 그 투명함으로 인해 신뢰를 가질 수 있다. 아직은 미진하지만 과학기술적 혹은 합리적 방법을 통해 문제를 극복할 수 있다는 믿음을 갖게 해 줘야 한다.

과학공동체의 네 가지 규범	
공유주의 (communism)	과학자들은 데이터와 연구결과를 서로 공개하고 공유한다.
보편주의 (universalism)	정치적·사회적 요인들은 과학적 아이디어 또는 개인 과학자를 평가하는 데 아무 역할을 하지 못하며, 과학적 성취 그 자체에 의해서만 평가된다.
무사무욕 (disinterestedness)	과학자들은 오직 진리 추구에만 관심을 두며, 개인적 또는 정치적 이해관계를 추구하지 않는다.
조직화된 회의주의 (organized skepticism)	과학자들은 높은 표준의 엄밀성과 증명을 추구하며, 충분한 증거 없이 어떤 믿음을 받아들이지 않는다.

『과학기술 연구윤리 현황 및 사례』, 17쪽.

두 번째는 과학기술 발전의 측면에서 인문·사회학자들의 윤리적 성찰이 포함돼야 한다는 점이다. 우리는 황우석 사태라는 홍역을 앓았다. 과학기술 실험이 비윤리적인 방향으로 흐르지 않도록 감시할 수 있어야 한다. 로버트 머튼은 1973년 네 가지 과학의 규범구조를 제시했다. 이상적인 규범이긴 하지만 연구윤리의 철학적 배경을 위한 기초로 경청할 필요가 있다. 현실적으론 1998년 레스닉이 제시한 12원칙(정직성, 조심성, 개방성, 자유, 공로, 교육, 사회적 책임, 합법성, 기획, 상호존중, 효율성, 실험대상에 대한 존중)에 귀 기울여야 한다. 법적·제도적 정비와 과학윤리에 대한 교육은 두말할 나위 없이 함께 요구된다.

세 번째는 과학의 과학적 방법이 제대로 적용돼야 한다는 사실이다. 칼 포퍼가 이야기한 '반증가능성'을 고려해 늘 문제제기의 가능성을 열어 두어야 한다. 과학이론은 그 이론에 들어맞는 수많은 정합 사례들이 제시되어도 참임을 인정받을 수 없다. 단 하나의 부정합 사례만 발견되어도 그 이론은 거짓으로 확정될 수 있음을 전제로 삼아야 한다. 그래야 과학이 비과학이라는 오명을 입지 않을 것이다.

마지막으론 카슨이 누누이 강조했던 겸손함을 가져야 한다. 카슨은 과학과 과학기술이 약속하는 장밋빛 전망에도 불구하고 인간은 필히 오만함보다는 겸손함을 가져야 한다고 강조했다. 바다를 넘어 우주의 영역까지 탐사하는 인간을 보며 카슨은 "인간이 신의 역할을 대폭 접수"했다고 생각했다. 요즘 유전자 변형이나 줄기세포 관련 연구 등을 보면 점점 카슨의 우려가 현실화되는 느낌이다. 인간의 겸손함이 더욱 요구되는 시점이다.

생명과 자연은 하나다

우리는 카슨의 자연관 및 생명관에 주목할 필요가 있다. 21세기에 떠오른 화두, 환경에 대해 어떠한 철학을 지녀야 하는지 그 의미를 찾아야 하기 때문이다. 갈수록 심각해지는 환경오염 속에서 과학기술의 진보에만 모든 걸 맡길 수는 없는 실정이다. 따라서 새로운 가치관을 찾아야 한다.

카슨에게 자연이란 위대한 신의 영역인 듯했다. 생명체란 그 자연 안에서 살아갈 수밖에 없도록 돼 있는 존재다. 그런데 생명체 중 하나인 인간은 문제를 일으킨다. 예를 들어 카슨은 사라져 가는 해안을 보며 그 해안의 보존이 왜 필요한지 역설했다. 1958년 「홀리데이」 7월호 실린 "항상 변화하는 우리의 해안"에선 살아 있는 생명체들과 물리적 환경의 관계가 처음 그대로 남아 있는 해안 지역을 보존하자고 주장했다. 그녀는 이 글에서 인간의 더러운 손길이 얼마나 위험한지 드러냈다. 인간의 길은 꼭 최상의 길은 아니라는 경고다.

카슨은 1958년 3월 초 도로시 프리맨(카슨은 도로시와 죽기 전까지 우정을 나누었다)에게 편지를 보내 원자폭탄 등 현대과학에 대한 자신의 생각을 내비쳤다. 이 당시 생각은 점차 발전하여 그 반대편으로 향하게 되고 결국 사회적 가치관을 실천할 수 있게 된다. 애초에 카슨은 생명체와 환경의 관계에 대해 자연은 인간이 아무리 파괴하더라도 영원하리라고 믿었다. "구름과 비와 바람은 신에게 귀속된 것이기에" 그렇다. 또한 "생명체는 신이 어떤 과정을 점지해 주더라도 시간과 더불어 흘러가게 되어 있다." 인간은 그러한 흐름 속에 일개 방울에 지나지 않는다. 설사 인간이 그 흐름을 방해한다고 해도 말이다. 더욱이 "물리적 환경이 생명체를 어떻게 주조한다 해도 그 생명체는 환경을 극적으로 변화시킬, 더군다나 파괴시킬 힘을 가지고 있지 않다." 자연은 영원하고 그 속의 인간은 미약한 존재일 뿐이라는 것이다. 하지만 카슨은 현실의 부조리함 속에서 이러한 생각을 바꿔 갔다.

『침묵의 봄』을 비롯해 카슨의 역작은 시종일관 "생명과 자연은 하나"라는 메시지를 던지고 있다. 인간이 자연을 인위적으로 변화시킨다고 해도 인간은 그 자연 안에 머무를 수밖에 없다. 카슨은 <CBS 리포트>에 출연해 다음과 같이 생명체들 간의 상호 관련성, 생명체와 환경의 상호 관련성으로서 자연과의 조화를 강조했다.

> 우리는 아직도 정복의 관점에서 크게 벗어나지 못하고 있습니다. 또한 아직껏 우리 자신을 거대하고 엄청난 우주의 아주 작은 부분에 불과한 존재로 여길 만큼 충분히 성숙하지도 못했습니다. 이제 우리 세대는 자연과 손을 맞잡아야 합니다. 인류는 과거에 한 번도 그래 본 적이 없지만, 이제 자연이 아니라 바로 우리 자신을 정복하는 성숙한 면모를 보여 주어야 합니다.
> —『레이첼 카슨 평전』, 704쪽.

생명은 자유다

카슨이 생물학을 이해하는 방법에선 어떤 심오함마저 느껴진다. 그녀는 동물복지협회의 교육 책자에 소개 글을 쓴 적이 있다. 거기서 카슨은 "생물학을 이해한다는 것은, 모든 생물체가 그 뿌리를 둔 지구와 연결되어 있다는 사실을 이해한다는 것"이라며 또한 "흐릿한 과거에서 불확실한 미래로 흘러가는 생명의 흐름이 통합된 하나의 힘이라는 사실을 이해한다는 것"이라고 강조했다.

특히 카슨은 생명의 본질은 '자유'에 있다고 믿었다. 따라서 인위적인 통제나 강제는 불필요하다. 자연에 대한 의문을 풀기 위해 자연적이지 않은 조건을 생물에 강요해야 한다면 성숙한 과학자가 나서야 한다. 카슨은 영국의 행동주의자 루스 해리슨의 『동물기계들(Animal Machines)』의 머리글을 썼다. 그녀는 동물사육에서 자행되는 비윤리적인 부분들을 비판하며 생명윤리를 강조했다. 인위적이지 못한 환경 속에서 동물들은 건강을 잃었다.

카슨은 1963년 초반 어느 강연에서 종과 생물학, 물리학적 환경, 생태계를 거느리는 역동적인 체계 사이의 관계를 강조했다. 그녀는 과학기술에 대한 위험성을 먼저 평가해야 한다고 말했다. 카슨은 "인간이 스스로에게 해를 끼치는 일을 하고 있는지도 모른다는 건 새롭고 겸허한 생각"이라며 "진보에 대한 자만심과 문명의 이기에 대한 자부심에도 불구하고, 우리가 우리 자신의 선을 위해서는 둔한 건 아닌지 의심이 든다"라고 강조했다.

아래는 강연 내용 중 환경과 인간, 더 나아가 이 둘의 이상적인 관계에 대한 내용이다. 이를 통해 카슨의 생명관과 자연관을 확실히 알 수 있다.

환경과 인간의 관계는 아주 오랜 세월 동안 제 머릿속에서 가장 우위를 차지하고 있는 문제입니다. 우리의 행동을 이끄는 믿음과는 반대로, 인간은 세계와 떨어져서 살 수 없습니다. 우리는 복잡하고, 역동적인 물리적·화학적·생물학적인 힘의 상호 작용 한가운데에서, 환경과의 지속적이고 끊임없는 교류 속에서 살아갑니다. (중략) 우리는 그 관계의 전체성을 결코 잊어서는 안 됩니다. 우리는 살아 있는 유기체를 따로 떼 놓고 생각할 수 없습니다. 또한 우리는 물리적 환경을 분리된 독립체라고 생각할 수도 없습니다. 둘은 함께 존재합니다. 생태적 복합체나 생태계를 형성하기 위해서 서로 영향을 주면서 말입니다.

-『잃어버린 숲』, 305~309쪽.

레이첼 카슨의 작품 속으로

바다에 대한 사랑, 바다 3부작으로

 카슨이 바다를 향해 보여 준 사랑은 정말 남달랐다. 그녀는 『우리를 둘러싼 바다』라는 책 제목 그대로 바다가 우리 주위를 둘러싸고 있다고 했다. 바닷가를 찾아가야만 바다의 흔적을 찾을 수 있는 게 아니다. 카슨은 "여러분은 바다를 찾기 위해 멀리까지 갈 필요가 없다"며 "옛날에 바다가 머물렀던 흔적은 어디에나 존재하기 때문이다"라고 말했다. 심지어 카슨은 바다를 접하기 전인 어린 시절에 바다가 어떻게 생겼을지, 파도가 어떤 소리를 낼지 상상했다. 그녀가 바다를 느꼈던 정취는 아래 문구에서 여실히 느낄 수 있다.

내륙으로 1,500킬로미터쯤 들어간 곳이라 하더라도, 마음 속의 눈과 귀에 먼 과거의 그 유령 같은 물결과 파도 소리를 재현시켜 주는 증거들을 쉽게 발견할 수 있다. 펜실베이니아 주의 어느 산에 올랐을 때, 나는 하얀 석회암 위에 앉아 거기서 수조 개나 되는 아주 미세한 해양 동물 껍데기 모양을 발견했다. 이들은 한 때 이곳을 뒤덮고 있던 대양 속에서 살다가 죽어 갔고, 그 석회질 유해가 바닥으로 가라앉았다.

- 『우리를 둘러싼 바다』, 154쪽.

바다를 느끼기 위해선 어떻게 해야 할까? 바다 생물들만이 알고 있는 물의 세계를 느끼기 위해선 어떠한 감각을 가져야 할까? 카슨은 먼저 인간의 감각을 벗어던지라고 주문한다. 인간이 지닌 길이, 너비, 질량, 시간, 공간 등 잣대가 없어야 바다를 느낄 수 있다. 물의 관점을 갖기 위해선 인간의 관점을 버려야 한다. 특히 인간은 땅에 발을 딛고 살기 때문에 '땅의 감각'을 극복해야 철저한 적막과 어둠이 지배하는 바다의 심연을 이해할 수 있다.

카슨은 새에 관한 글들을 여러 편 쓰기 위해 현장을 기록하는 가운데서도 바다를 그리워했다. 그녀는 매를 관찰하기 위해 매서운 추위가 뼛속까지 스며드는 산등성이를 마다않고 달려갔다. 바다에 대한 연정을 직접적으로 표현한 아래 기록을 통해 카슨이 어떤 책을 쓰고 싶어 했는지 우리는 알아챌 수 있다. 카슨은 산에서 발견된 조개화석 등에 대한 내용들을 관련 책들에서 언급하곤 했다.

> 바다를 너무도 사랑하는 내가 산에서 바다를 회상할 무언가를 찾아내는 것은 그다지 이상하지 않다. 언덕 개울이 허둥지둥 내려가는 것을 볼 때면 항상 그 여행은 길더라도 결국은 바닷속에서 여행을 끝맺으리라 생각한다. 그리고 이 애팔래치아 산맥의 고원 지대에는 과거 이 땅을 차지했던 고대 바다를 떠오르게 하는 무엇인가가 항상 있다. 전망대로 가는 가파른 길 중간쯤에는 사암으로 형성된 절벽이 있다. 아주 오래 전에는, 이상하고 낯선 물고기들이 헤엄쳤을 얕은 바닷물 아래에 그 절벽이 있었다. 그 뒤 바다는 물러가고 산이 들어 올려져, 지금의 바람과 비가 절벽을 처음의 모래 알갱이로 부스러뜨리는 것이다. 내가 지금 걸터앉은 이 하얀 석회암도 고생대 바다 아래에서 형성되었다. 그 물속을 떠다니던 무수하고 작은 생명체들의 **뼈**가 만들어 낸 것이다. 지금 나는 눈을 반쯤 감고 누워, 내가 다른 바다의 밑바닥에 있다는 것을 느껴 보려 애쓴다. 매들이 항해하는 대기의 바다 말이다.
>
> ―『잃어버린 숲』, 59~60쪽.

유고집까지 합하면 카슨은 총 여섯 권의 작품을 남겼다. 생전엔 『바닷바람을 맞으며(Under the Sea-Wind)』(1941), 『우리를 둘러싼 바다(The Sea Around Us)』(1951), 『바다의 가장자리(The Edge of the Sea)』(1955), 『침묵의 봄(Silent Spring)』(1962), 사후엔 『자연, 그 경이로움에 대하여(The Sense of Wonder)』(1965), 유고집 『잃어 버린 숲(Lost Woods)』(1999)이 출간됐다.

국내엔 『바닷바람을 맞으며』『바다의 가장자리』를 빼고 모두 번역, 소개돼 있다. 『우리를 둘러싼 바다』는 1961년 개정판을 번역했다. 카슨은 진화, 생태학에 대한 철학적 조명 등 적어도 네 개의 작품을 더 구상했다. 출판계약까지 해 두었으나 원고를 완성할 기력이 없었다.

1937년 「애틀랜틱 먼슬리」에 실린 "바닷속(Undersea)"이라는 글은 카슨을 주목하게 만든다. 카슨은 이 글로부터 그 후에 모든 것이 뒤따라 왔다고 말했다. 일종의 데뷔였다. 이 글을 보고 사이먼 & 슈스터 출판사의 편집장 퀸시 하우는 카슨에게 책을 써볼 것을 권유한다. 카슨은 해양동물들에 대해 쓰고 싶어 사이먼 & 슈스터 출판사와 꾸준히 만남을 가졌다. 어업국에서 일하며 자연에 대해 더 깊은 생각을 가지게 된 카슨. 그녀는 1938년 7월 노스캐롤라이나 주 뷰포트의 어업사무소로 휴가를 떠났다. 이곳 천혜의 장소는 『바닷바람을 맞으며』에서 바닷가 새를 기술한 장면들의 배경이 된다.

카슨의 첫 번째 작품인 『바닷바람을 맞으며』는 1941년 11월 1일 세상에 나왔다. 책값은 3달러였다. 이 책은 제1부 바닷새, 제2부 고등어, 제3부 뱀장어로 이루어져 있다. 제1부는 캐롤라이나 해변과 북극 툰드라 지방에서 세가락도요라 불리는 도요새의 이야기를 다뤘다. 제2부는 고등어의 탄생과 죽음, 그리고 생명의 연속을 이야기했다. 제3부는 앵귈라라는 이름의 유럽 뱀장어가 머나먼 바다에서 여행하는 것을 보여 준다. 책 제목은 낭만적인 자연주의 작가 리처드 제프리스의 『눈부신 여름(Pageant of Summer)』(1905)에서 영감을 얻었다. 책은 제2차 세계대전 때문에 많이 팔리지는 못했으나 1952년 4월 13일 옥스퍼드대 출판사를 통해 재출간됐다.

각 장은 바다와 긴밀한 관련을 맺고 사는 생물들로 연결돼 있다. 카슨은 해양생물에 관한 이야기를 서정적으로 풀었다. 물론 카슨은 과학자로서 생태학적 고찰도 충분히 했다. 카슨은 출판사에 보낸 책을 쓴 배경 및 관점을 통해 인간 중심적 편견을 가능한 피하고 바다 그 자체의 이야기를 쓰기 위해 노력했다고 밝혔다. 카슨은 책을 집필하며 스스로 도요새, 게, 고등어, 뱀장어 등 동물이 되었다고 했다. 책은 각각 해변, 아주 먼 바다, 깊은 바닷속을 그리고 있다.

이 책 중 자연의 영속성에 대해 노래한 아래 구절에서 카슨의 감수성을 다시 한 번 확인할 수 있다.

> 바닷가에 서 있노라면, 밀물과 썰물을 느끼고 있노라면, 바닷물이 드나드는 거대한 늪지에 짙게 드리워진 안개를 호흡하노라면, 헤아릴 수 없이 긴 세월 동안 대륙의 해안선을 따라 비행을 계속하고 있는 해안 새들을 바라보노라면, 노쇠한 뱀장어와 어린 오징어가 바다로 미끄러지듯 헤엄치는 광경을 지켜보노라면, 지상에 있는 모든 생명체들이 그렇듯

자연은 거의 영원하다는 사실을 깨달을 수 있다.
  － 『레이첼 카슨 평전』, 177~178쪽에서 재인용.

바다를 만드는 근원을 찾아

「뉴요커」는 1951년 6월부터 『우리를 둘러싼 바다』를 연재했다. 카슨은 1940년대 말부터 이 책을 쓰기 위해 자료를 수집했다. 특히 전쟁 기간 동안 일하면서 얻은 자료들이 유용하게 쓰였다. 1948년 카슨은 문학 에이전트인 마리 로델과 계약을 맺고 작품에 전념할 수 있도록 금전적인 지원을 받았다. 로델은 옥스퍼드 대학 출판부와 출판 계약을 맺었다. 『우리를 둘러싼 바다』는 100만 부 이상이 팔렸다. 책은 「퍼블리셔스 위클리」가 집계하는 연간 베스트셀러에 꾸준히 올랐다.

한편 즈윙거는 『우리를 둘러싼 바다』와 『바닷바람을 맞으며』가 본인이 읽은 책 중에서 가장 정확한 책이라고 감상을 적었다. 그는 카슨이 자연을 묘사하는 순수한 작가로서 바다 자체에 대한 새로운 인식으로 안내하며 그 모든 것이 서로 어떻게 유기적으로 엮여 있는지 알려줬다고 말했다.

『우리를 둘러싼 바다』의 제1부 어머니 바다는 '어둠에 싸인 시작'부터 '옛날 바다의 모양'까지 8개의 장으로 구성돼 있다. 바다의 탄생과 그 안에서의 생물의 진화를 설명하는 가운데서도 카슨은 인류에게 경고한다. "잠깐 동안 지구에 머물면서 육지를 정복하고 약탈한 것처럼 바다를 제어하거나 변화시킬 수는 없었다. 도시와 시골의 인공 세계에서 살아가는 사람은 종종 자기가 살고 있는 행성의 진정한 본질과 그 긴 역사에 대한 안목을 잊어버린다." 카슨이 현재의 우리에게까지 전하는 메시지다.

'섬의 탄생'에서는 인간이 어떻게 섬을 파괴하는지 적나라하게 고발한다. 이 장은 특히 1950년 「예일 리뷰(Yale Review)」에 실리며 '과학의 진보를 위한 미국 협회(American Association for the Advancement of Science)'로부터 카슨이 과학저술상을 받게끔 해 줬다. 상금은 천 달러였다.

지질학적으로 섬은 역설적이게도 파괴적인 과정을 통해 탄생했다. 카슨은 "극소수 예외를 제외하고는 섬은 땅을 뒤흔드는 격렬한 해저 화산 폭발의 결과로 생겨나는데, 바다 위로 섬이 솟아나기까지는 보통 수백만 년의 세월이 걸린다"며 "그렇게 파괴적이고 격변적인 과정이 창조 행위의 결과로 이어지는 것은 지구와 바다의 역설 중 하나이다"라고 말했다.

어렵게 탄생한 섬에는 유순한 성질들의 생물이 살았다. 영국의 조류학자 데이비드 랙(David Lack)은 갈라파고스 제도를 방문했다. 다윈이 『종의 기원』에 대한 위대한 진리를 깨달은 지 1세기 후에 이뤄진 여행이다. 그곳 매들은 사람이 만져도 가만히 있었다. 야생의 새들은 사람의 어깨 위에 내려앉을 만큼 온순했다. 그런데 인간은 그 안에 재앙을 선물한다.

 그러나 불행하게도, 사람은 섬의 파괴자로서 가장 어두운 역사 중 하나를 기록했다. 사람의 발이 닿는 섬은 어디나 재앙에 가까운 변화가 일어났다. 사람은 삼림을 베어 내고 불태움으로써 환경을 파괴했다. 또, 사람을 따라다니는 흉악한 동반자인 쥐를 섬에 들여 놓았다. 그 외에도 식물뿐만 아니라, 염소, 돼지, 소, 개, 고양이를 비롯해 외래종을 잔뜩 섬에다 풀어 놓았다. 섬에 살고 있던 종들에게는 차례로 멸종이라는 먹구름이 닥쳤다.

-『우리를 둘러싼 바다』, 145쪽.

섬의 기후는 거의 안 변한다. 섬의 생물에게는 천적도 거의 없다. 생존 경쟁도 드물다. 그러나 인간이 들어온 이후 이러한 부드러운 생활패턴이 변했다. 섬의 생물들은 인간이라는 천적과 인간이 데리고 온 온갖 오염으로부터 자신을 보호해야 했다. 타히티 섬의 고유동물 종은 사람이 들여 온 외래종 때문에 설자리를 잃어 가고 있다고 카슨은 밝혔다.

섬의 탄생은 섬의 비극과 연결됐다. 카슨은 "대양 섬의 비극은 오랜 세월에 걸쳐 천천히 진행된 과정을 통해 발달한 종들의 특이성과 대체 불가능성에 비롯된다"며 "이성적인 세상이라면 사람들은 이 섬들을 아주 귀중한 재산으로 취급했을 것"이라고 개탄했다.

한편『우리를 둘러싼 바다』는 우리를 저 깊은 바닷속으로 데리고 간다. '해가 비치지 않는 바다'는『해저 2만 리』를 떠올리게 한다. 각종 신기한 물고기들의 이름이 등장하고 바다의 가장 깊은 곳까지 탐사하는 과정들을 알려준다. 카슨에 따르면 희미한 햇빛이 바다에 어른거리는 대륙붕과 얕은 지역을 뺀다고 해도 지표면의 약 절반은 수 킬로미터 깊이의 물로 덮인 채 햇빛이 전혀 들지 않는 바다 지역이다. 그 누구도 가본 적 없는 바닷속 깊은 이야기가 독자들을 사로잡고 있다.

스위스 물리학자 오귀스트 피카르(Auguste Piccard)는 심해 탐사의 선구자다. 1953년 9월 그는 아들 자크 피카르와 함께 트리에스테 호를 타고 지중해에서 3,118미터 깊이까지 내려갔다고 한다. 1960년 1월 23일 자크 피카르와 돈 월시(Don Walsh)가 탑승한 트리에스테 호는 1만 740미터 깊이의 마리아나 해구 바닥까지 내려갔다. 우주로, 우주로 향하고 한국 최초 우주인이 탄생한 요즘 저 깊은 바닷속을 탐험하는 것도 충분히 국민들의 관심을 끌 수 있지 않을까.

심층에는 심해아귀류, 세다리 물고기 등이 산다. 그런데 이러한 물고기들이 살기에 심층은 불리하다. 먼저 압력이 심하기 때문이다. 또한 어두컴컴한 것도 여간 불편한 게 아니다. 카슨은 이에 대해 심해에서의 생존 조건은 너무나 가혹하다고 적었다. 심해에서 생활하는 건 캄캄한 우주 공간보다 약간 더 나을 뿐이라는 설명이다.

아울러 잃어버린 대륙, 아틀란티스의 전설에 대한 이야기와 해저 산맥에 대한 설명이 눈길을 끈다. '숨어 있는 땅'에서 카슨은 플라톤이 아틀란티스에 대해 언급한 내용을 소개했다. 아틀란티스는 호전적인 민족이 살던 땅이었으나 큰 지진과 홍

수 때문에 바다 속으로 사라졌다. 우리는 카슨을 통해 좀 더 과학적인 분석으로 누구나 꿈꾸었을 아틀란티스에 대한 전설을 다시금 엿들을 수 있다. 그녀는 숨겨진 땅은 해산들과 연관이 있지 않을까 하는 질문들도 제기된다고 했다. 다음은 해저 산맥들에 대한 내용이다. 여기서도 역시 카슨의 문예적 감각을 읽을 수 있다.

> 해저 산맥은 시인들이 말하는 '영원한 언덕(eternal hill)'에 아주 가깝다. 육지에서는 산맥이 솟아나자마자 자연의 모든 힘이 공모하여 그것을 깎아 내리려고 든다. 심해에 솟은 산은 성장하는 동안에 우리가 흔히 아는 자연의 침식을 전혀 경험하지 않는다. 해산은 해저 바닥에서 솟아나 그 화산 봉우리가 수면 위로 머리를 내밀 수도 있다. 이렇게 생긴 섬은 비의 공격을 받게 되고, 시간이 지나면 어린 산은 파도가 넘실대는 높이까지 낮아진다. 그리고 거센 바다의 공격을 받아 수면 아래로 가라앉게 된다. 결국 봉우리는 가장 심한 폭풍과 파도의 힘이 미치지 않는 깊이까지 침식된다. 여명이 비치는 이곳 고요한 깊은 물속에서 산은 더 이상 공격을 받지 않는다. 이곳에서 산은 거의 아무 변화 없이(아마도 지구가 끝날 때까지) 서 있게 된다.
> —『우리를 둘러싼 바다』, 115쪽.

제2부 '끊임없이 움직이는 바다'는 해양 전문서답게 바다에 대한 물리적 이야기를 들려준다. 각 장은 '바람과 물', '바람,

태양, 지구의 자전', '변화하는 조석'의 제목을 달고 있다. 먼저 독자들은 파도를 타고 캘리포니아해안에서 시원한 바람을 느낄 수 있다. 해안 침식으로 생긴 바위와 동굴을 감상하는 것만으로 시원하다. 또한 파도의 파장과 파고 같은 전문적인 지식도 얻을 수 있다. 바람의 순환, 지구의 자전 등으로 생기는 해류를 타면 멀미가 생길지도 모른다.

덧붙여 달, 태양 등 인력에 의해 해면이 주기적으로 높아졌다 낮아졌다 하는 조석도 바다의 신비로움이다. 밀물과 썰물에 영향을 미치는 달의 중력은 거리가 더 중요하게 작용했다. 태양은 달보다 2,700만 배나 무겁다. 하지만 달은 태양보다 지구와 더 가까워 두 배 이상 영향을 미친다. 카슨은 "만약 달의 거리가 지금의 절반이라면, 대양에 미치는 힘은 지금의 8배에 이르고, 조석의 규모는 어떤 해안에서는 수백 미터에 이를지도 모른다"라고 적었다.

기후변화로 인해 생기는 변화들

『침묵의 봄』이 화학물질로 인한 자연생태계의 오염을 고발하고 있다면『우리를 둘러싼 바다』는 인간이 바다에 가한 문제점들을 적시한다. 특히 기후변화로 인해 새와 물고기가 사라지는 현상을 드러낸다. 최근 강조되는 기후변화의 징후를 카슨은 이미 예고했던 셈이다. 제3부는 '지구 온도 조절 장치', '짠 바다가 주는 풍요로운 자원', '세상을 둘러싸고 있는 바다'

로 구성돼 있다.

지난 100년간 지구 평균온도는 0.7도 상승했다. 극지방 얼음도 10년간 2.7퍼센트 감소했다. 유엔 산하 IPCC(기후변화에 관한 정부간 패널)에 따르면 온실가스 배출시나리오에 의해 향후 100년간 발생할 기온상승은 최하 1.8도에서 최고 6.4도이다. 우리나라 기후는 점점 아열대와 비슷하게 변하고 있어 문제의 심각성이 더하다. 환경부가 실시한 조사에 따르면 우리나라 국민의 88.6퍼센트는 기후변화를 심각하게 받아들이고 있다.

기후변화 문제에서 바다는 중요한 위치를 차지한다. 지구 전체의 기온을 염두에 뒀을 때 바다는 거대한 온도 조절 장치다. 지표면의 4분의 3을 덮고 있는 바다라는 물은 열을 흡수하고 방출하는 능력이 뛰어난 물질인 것이다. 카슨은 다음과 같이 말했다. "물은 열용량이 매우 크기 때문에 바다는 태양으로부터 막대한 양의 열을 흡수하고도 그다지 뜨거워지지 않으며, 막대한 열을 잃고도 그다지 차가워지지 않는다." 그 가운데 해류는 열과 냉기를 실어 나른다. 이 때문에 인간은 해류를 임의로 조절하려고 한다. 카슨에 따르면 열의 재분배 중 반은 바다가, 나머지 반은 바람이 책임진다.

해류의 패턴을 변화시켜 기후를 변화시키려는 구상에 대해 카슨은 비판적이다. 예를 들어 따뜻한 멕시코 만류를 미국 동부 연안에 더 가까운 곳으로 지나가게 해 겨울을 덜 춥게 하려는 노력은 과학적이지 않다. 왜냐하면 겨울의 찬바람은 중력의 힘에 의해서 따뜻한 물 위의 저기압 지역으로 이동하기 때문이다. 또한 최근 독일 킬 대학교의 연구에 따르면 당분간 멕시코 만류는 약화될 것이라고 하니 그 당시 카슨의 지적은 결과적으로 옳은 셈이라고 할 수 있다.

카슨은 페테르손의 가설에 주목한다. 페테르손은 기후변화에 관한 옛 기록들을 살핀 후 그 원인을 대양 순환과 대서양의 조건에 주기적인 변화가 일어난 것으로 규정했다. 왜냐하면 지난 몇백 년 간 기후에 영향을 줄 수 있는 지질 변동이 일어나지 않았기 때문이다. 페테르손은 기후변화의 발생에 대해 다음과 같이 가설을 세웠다. 기후변화는 조석에 의해 발생한 해저파가 북극해의 심해수를 교란함으로써 일어났다고 그는 믿었다.

북극 지방의 기후가 온화한 방향으로 바뀌는 증거로 카슨은 북대서양과 북극해의 항해가 빈번히 이루어지고 있다는 사실을 제시했다. 아울러 따뜻한 곳을 좋아하는 새들이 늘어난 점도 기후변화를 증명한다. 1920년 이전에 그린란드에서 목격된 적이 없는 새들이 발견된 것이다. 예를 들어 아메리카벨벳검은댕기오리, 큰노랑발도요, 검은눈썹알바트로스, 북방삼색제비, 화덕딱새 등이 눈에 띄었다. 반사적으로 북방두뿔종다리, 개꿩, 민물도요 등은 찾아오는 횟수가 줄었다. 덧붙여 1912년 그린란드 앙마그살리크에 대구가 발견된 점도 점점 기후가 따뜻해진다는 것을 방증한다. 카슨은 비단 북극 지방에서만 기후가 변화하는 게 아니라 남극에서도 마찬가지라고 적었다.

그렇다고 카슨이 기후변화를 심각하게 받아들이진 않은 것 같다. 그녀는 "세계 기후는 다음 수천 년 동안 계속 따뜻해지다가 다시 빙하기를 향해 추워질 것"이라며 "그러나 현재 우리가 경험하고 있는 것은 수십 년 혹은 수백 년 단위로 일어나는 훨씬 짧은 기후 변동일 가능성이 높다"라고 생각했다. 카슨은 장기적인 추세는 온난화 쪽이라고 결론을 내렸다. 린다 리어에 따르면 카슨은 죽기 얼마 전에야 비로소 지구의 기후변화가 처한 상황을 염두에 두기 시작했다. 카슨은 이미 대기 온도와 바람의 역학 등을 공부했다. 기상학에도 관심을 쏟아오던 카슨은 인간의 활동과 기후변화 사이에 어떤 결과가 있을지 주목했다.

현재 우리는 지구온난화로 인해 나무의 조기 개화, 새들의 조기 산란, 곤충 식물 및 동물 서식지 변화, 연안 지역의 백화 현상 증가, 생물 다양성 감소 등을 겪고 있다. 또한 급속한 기온상승으로 집중호우, 태풍 등이 빈번하게 발생해 막대한 피해를 입고 있다. 간접적으로는 기온상승과 비례해 대기 내 광화학적 반응이 촉진됨으로써 오존농도가 증가한다. 이 때문에 대기오염이 심화되고 건강이 안 좋아지고 있다. 더욱이 말라리아, 세균성이질 등 매개체를 통한 질병이 증가 추세에 있다. 법정전염병 중 쯔쯔가무시증, 말라리아, 세균성이질, 렙토스피라증, 비브리오패혈증 등 기후변화와 관련이 깊은 질병이 계속 증가하고 있다. 카슨이 이러한 사실을 알았더라면 기후변화와 그로 인한 문제점 등을 좀 더 심도 있고 구체적으로 고발했을 것이다.

　세계적으로 저명한 해양생물학자인 제프리 레빈턴(Jeffrey S. Levinton)은 『우리를 둘러싼 바다』 후기에서 기후변화에 대해 부연하여 설명했다. 온도가 높아지면 식물의 호흡 작용이 증가하고 이로 인해 대기 중으로 더 많은 이산화탄소가 배출된다. 특히 벌목은 온실효과를 더욱 초래한다. 잘 알려져 있다시피 숲은 이산화탄소를 배출하는 양보다 소비하는 양이 많다. 지금도 경제적 문제 등에 의해 아마존 우림은 사라지고 있다.

　지구온난화는 바다에 영향을 끼친다. 해수면 상승으로 결국 각 도시들은 위험에 처할 수 있다. 루이지애나 주는 매년 수천 에이커의 땅을 잃고 있다. 방글라데시는 해수면 상승으로 농토를 잃는다. 베네치아는 해수면 상승으로 상수원이 바닷물과 섞여 심각한 문제에 직면하게 될 것이다.

마음의 눈과 귀로 바다를 보다

　카슨은 구겐하임재단기금의 지원으로 『바다의 가장자리』를 썼다. 이 책에선 고조선(高潮線: 밀물이 가장 많이 들어왔을 때의 물 높이의 선)과 저조선(低潮線: 바다에서 조수가 빠져나가 해수면이 가장 낮아진 때의 바다와 육지의 경계선) 사이에 살아가는 동물들, 이러한 동물들의 삶을 관장하는 힘에 대해 서술하고 있다. 즉, 동물들이 어떻게 밀물과 썰물, 기온, 해안의 지질, 파도의 세기, 해류 등에 영향을 받는지 언급한 것이다. 『바다의 가장자리』는 1955년 8월 20일, 27일 두 번에 걸쳐 「뉴요커」에 축약본이 연재됐다. 이 책은 출간된 지 3주도 안 돼 「뉴욕 헤럴드 트리뷴」 베스트셀러 15위로 진입했다. 일주일 후에는 4위에 오를 정도였다.

『바다의 가장자리』는 전작인 『우리를 둘러싼 바다』보다 예술적 감각이 떨어진다는 평이 가끔 있었다. 하지만 대부분의 비평가들은 카슨이 다시 한 번 시적 상상력으로 과학적 지식을 보완했다고 칭찬했다. "감각과 감수성의 작품", "지식을 깊이 있게 다루면서도 알아들을 수 없는 전문용어에 방해받지 않는 책", "마음을 위로해 주는 책" 등이라는 평이 나왔다. 린다 리어에 따르면 『바다의 가장자리』는 생물학적 지식보다 자연주의자의 체험에서 비롯된 지식을 더 많이 담았다. 이 책은 대중들이 원하는 현장 안내서가 아니고 단순히 생물들의 이름을 외우기 위한 책은 더더욱 아니었다. 책의 서문에는 카슨의 바람이 적혀 있다.

> 해안을 이해하기 위해서는 거기에 살아가는 동물들을 분류하는 것 혹은 빈 조개껍질을 들고 '이건 뿔고둥이야' '저건 엔젤윙이야'라고 말하는 것만으로는 부족하다. (중략) 바닷가에 서서 바위와 모래를 만들어 내며 해안의 형태를 결정하는 바다와 육지의 리듬을 느낄 때, 쉴 새 없이 해안을 누비고 다니는 동물들을 마음의 눈과 귀로 보고 들을 때 비로소 우리는 해안을 이해할 수 있다.

―『레이첼 카슨 평전』, 434쪽에서 재인용.

『바다의 가장자리』는 카슨에게 두 번의 수상 소식을 전했다. 하나는 모교에서 주는 수훈 동문상이다. 또 하나는 카슨의 학문적 업적을 기리는 차원에서 주는 미국대학여성협회의 공로상이다. 2,500달러의 상금이 전달됐다. 카슨은 수상 연설에서 글 쓰는 작업이란 외로운 일이며, 작가는 쉬지 않고 창작해야 도태되지 않는다고 말했다. 특히 그녀는 작가가 주제를 선택하는 게 아니라 주제가 작가를 선택한다고 언급했다.

시적 산문으로 이야기하다

『자연, 그 경이로움에 대하여』의 글은 1956년 7월 「우먼스 홈 컴패니언(Woman's Home Companion)」이라는 잡지에 "당신의 자녀가 자연에서 놀라움을 느낄 수 있도록 도와라(Helping Your Child to Wonder)"라는 제목으로 처음 실렸다. 이 글에는 카슨 조카의 아들인 로저 크리스트의 사진도 함께 들어갔다. 사진은 1955년 여름 메인 주 별장에서 접시에 담긴 먹이를 먹는 다람쥐와 함께 있는 로저의 모습을 담고 있다. 이 책은 자연에 대한 순수함을 잃어버린 어른들, 그들에게 바치는 동화다. 카슨은 『바다의 가장자리』를 다 쓰고 난 후부터 이 책을 집필하기 시작했다. 『침묵의 봄』을 쓰기 몇 해 전 일이다. 카슨은 그동안과는 다른 방식으로 이야기를 하고 싶었다. 카슨은 이 책을 마무리하고 싶었으나 『침묵의 봄』이 일으킨 반향과 관련된 일들 때문에 그럴 수 없었다.

'밤바다'로 시작해 '어떤 편지'로 끝나는 이 책은 카슨의 문장력을 여실히 보여 준다. 특히 숲길을 거닐고 직접 밤바다를 마주한 경험들이 한 문장 한 문장에 녹아 있다. 어느 비 오는 날 숲 속에서의 단상은 작가의 상상력이 빛을 발한다.

"촉촉하게 젖어 있는 날보다 숲이 생명의 숨결을 세차게 내뿜는 날은 없다. 상록수의 가느다란 잎사귀가 은빛 모자를 쓰는가 하면, 양치류는 열대 숲의 무성함을 닮아가고, 숲의 모든 잎사귀와 풀의 끝자락에 맑은 수정 방울이 맺힌다."

"숲길 역시 이끼로 만들어진 양탄자로 장식되곤 했다. 퇴락한 고성에 깔려 있던 긴 융단이라도 되는 듯, 녹색의 숲 가운데 은회색 빛의 가느다란 띠를 만들어내는 것이다."

평생 바다를 사랑한 카슨. 그녀는 온 몸으로 바다를 느꼈다. 썰물이 자아내는 냄새를 통해 자그마한 것까지 감지한 것이다. '생명의 소리, 생명의 맥박'에서 카슨은 "드넓은 바다의 그 모든 것들이 한 줄기 바람결에 실려와 나의 기억과 인상을 자극하는 그런 순간이었다"라고 썼다. 한편 여린 작가의 심성은 아래에서 더욱 도드라진다.

가을 정원의 오케스트라 가운데 가장 심금을 울리는 소리를 나는 요정의 종소리라고 부른다. 나는 그 요정을 한 번도 보지 못했다. 그렇다고 반드시 만나야겠다고 생각하는 것도 아니다. 그 소리는 여리고 섬세하며 들릴 듯 말 듯, 바깥세상에서 들리는 듯, 어떤 영묘한 기운마저 지니고 있다. 그래서 어쩐지, 눈에 보이지 않는 채로 남아 있어야 할 것 같은 기분마저 든다.

－『자연, 그 경이로움에 대하여』, 82~83쪽.

『잃어버린 숲』은 카슨이 어린 시절 쓴 글과, 신문 기고문, 연설문, 편집 등을 모아 펴낸 유고집이다. 책은 『레이첼 카슨 평전』으로 유명한 린다 리어가 엮었다. 이 책은 공식적으로 출판되지 않은 글들을 모았기 때문에 카슨의 인간적인 면모를 좀 더 세밀하게 들여다볼 수 있다. 특히 그녀의 지적 과정을 세밀하게 들여다볼 수 있다. 어린 시절 처음으로 바다에 대해 쓴 글, 새를 관찰한 것을 쓴 글, 원자력 시대에 대한 우려가 담긴 글 등에서 우리는 카슨의 시각을 살펴볼 수 있다. 특히 암 투병 중 쓴 편지 등은 연민을 자아낸다. 책을 통해 우리는 어떻게 레이첼 카슨이라는 위대한 인물이 탄생했는지 그 속내를 알 수 있다.

이 책에선 카슨을 평생 독창적 글쓰기로 살아가게끔 안내한 그녀의 첫 작품 "바닷속"을 볼 수 있다. 네 쪽 분량의 특집 기사로 실린 이 글은 작가로서 앞으로 어떤 삶을 살아갈지 예고하는 서막이었다. 바다의 신비로움에 대해서 서술하고 있는 아래를 통해 카슨의 **빼어난 문학적 역량과 과학자적인 면모**를 확인할 수 있다.

수면, 그 부서지기 쉬운 경계 아래서 바다는 물속에 녹아 있는 무익한 화학 물질들을 쓸모 있게 만들고, 태양빛으로 그것들을 융합해 생명의 물질로 바꾸는 기막힌 연금술사이다. 이를 통해 무수한 식물 '생산자'가 만들어 내는 단백질, 지방, 탄수화물의 복합체는 조류를 타고 떠다니는 동물 '소비자'들이 이용할 수 있는 풍부한 바다 미네랄이 된다. 대기와 저 아래 심연의 중간지역에서 끊임없이 떠다니는 이들 신기한 생명체, 그리고 그들을 영원하게 해 주는 꽃들이 바로 '플랑크톤'이라 불리는 방랑자이다.

－『잃어버린 숲』, 26~27쪽.

참고문헌

김명진, 『야누스의 과학』, 사계절, 2009.
레이첼 카슨, 김은령 옮김, 『침묵의 봄』, 에코리브르, 2003.
레이첼 카슨, 이충호 옮김, 『우리를 둘러싼 바다』, 양철북, 2008.
레이첼 카슨, 표정훈 옮김, 『자연, 그 경이로움에 대하여』, 에코리브르, 2003.
린다 리어, 김선영 옮김, 『잃어버린 숲』, 그물코, 2004.
린다 리어, 김홍옥 옮김, 『레이첼 카슨 평전』, 샨티, 2004.
알렉스 맥길리브레이, 이충호 옮김, 『세계를 뒤흔든 침묵의 봄』, 2008.
한국원자력연구소 편, 『과학기술 연구윤리 현황 및 사례』, 두양사, 2006.
홍성욱, 『과학, 인간과 사회를 말하다』, 동아시아, 2008.
「창의적 인재·우리의 미래 2009 창의교육 심포지엄 자료집」, 한국과학창의재단, 2009.
Rachel L. C., *Silent Spring*, 40th Anniversary ed, Mariner Books, 2002.

프랑스엔 〈크세주〉, 일본엔 〈이와나미 문고〉, 한국에는 〈살림지식총서〉가 있습니다.

📖 전자책 | 🔍 큰글자 | 🔊 오디오북

001 미국의 좌파와 우파 | 이주영 📖🔍
002 미국의 정체성 | 김형인 📖🔍
003 마이너리티 역사 | 손영호 📖
004 두 얼굴을 가진 하나님 | 김형인 📖
005 MD | 정욱식 📖🔍
006 반미 | 김진웅 📖
007 영화로 보는 미국 | 김성곤 📖
008 미국 뒤집어보기 | 장석정
009 미국 문화지도 | 장석정
010 미국 메모랜덤 | 최성일
011 위대한 어머니 여신 | 장영란 📖🔍
012 변신이야기 | 김선자 📖
013 인도신화의 계보 | 류경희 📖🔍
014 축제인류학 | 류정아 📖
015 오리엔탈리즘의 역사 | 정진농 📖🔍
016 이슬람 문화 | 이희수 📖
017 살롱문화 | 서정복 📖
018 추리소설의 세계 | 정규웅 🔍
019 애니메이션의 장르와 역사 | 이용배 📖
020 문신의 역사 | 조현설
021 색채의 상징, 색채의 심리 | 박영수 📖🔍
022 인체의 신비 | 이성주 📖
023 생물학무기 | 배우철
024 이 땅에서 우리말로 철학하기 | 이기상
025 중세는 정말 암흑기였나 | 이경재 📖🔍
026 미셸 푸코 | 양운덕 📖🔍
027 포스트모더니즘에 대한 성찰 | 신승환 📖🔍
028 조폭의 계보 | 방성수
029 성스러움과 폭력 | 류성민 📖
030 성상 파괴주의와 성상 옹호주의 | 진형준 📖
031 UFO학 | 성시정 📖
032 최면의 세계 | 설기문 📖
033 천문학 탐구자들 | 이면우
034 블랙홀 | 이충환 📖
035 법의학의 세계 | 이윤성 📖🔍
036 양자 컴퓨터 | 이순칠 📖
037 마피아의 계보 | 안혁 📖
038 헬레니즘 | 윤진 📖🔍
039 유대인 | 정성호 📖🔍
040 M. 엘리아데 | 정진홍 📖🔍
041 한국교회의 역사 | 서정민 📖
042 야훼와 바알 | 김남일 📖
043 캐리커처의 역사 | 박창석
044 한국 액션영화 | 오승욱 📖
045 한국 문예영화 이야기 | 김남석 📖
046 포켓몬 마스터 되기 | 김윤아 📖

047 판타지 | 송태현 📖
048 르 몽드 | 최연구 📖
049 그리스 사유의 기원 | 김재홍 📖
050 영혼론 입문 | 이정우
051 알베르 카뮈 | 유기환 📖🔍
052 프란츠 카프카 | 편영수 📖
053 버지니아 울프 | 김희정 📖
054 재즈 | 최규용 📖🔍
055 뉴에이지 음악 | 양한수 📖
056 중국의 고구려사 왜곡 | 최광식 📖🔍
057 중국의 정체성 | 강준영 📖🔍
058 중국의 문화코드 | 강진석 🔍
059 중국사상의 뿌리 | 장현근 📖
060 화교 | 정성호 📖
061 중국인의 금기 | 장범성 🔍
062 무협 | 문현선 📖
063 중국영화 이야기 | 임대근 📖
064 경극 | 송철규 📖
065 중국적 사유의 원형 | 박정근 📖🔍
066 수도원의 역사 | 최형걸 📖
067 현대 신학 이야기 | 박만 📖
068 요가 | 류경희 📖
069 성공학의 역사 | 정해윤 📖
070 진정한 프로는 변화가 즐겁다 | 김학선 📖🔍
071 외국인 직접투자 | 송의달
072 지식의 성장 | 이한구 📖🔍
073 사랑의 철학 | 이정은 📖
074 유교문화와 여성 | 김미영 📖
075 매체 정보란 무엇인가 | 구연상 📖
076 피에르 부르디외와 한국사회 | 홍성민 📖
077 21세기 한국의 문화혁명 | 이정덕 📖
078 사건으로 보는 한국의 정치변동 | 양길현 📖🔍
079 미국을 만든 사상들 | 정경희 📖🔍
080 한반도 시나리오 | 정욱식 📖🔍
081 미국인의 발견 | 우수근 📖
082 미국의 거장들 | 김홍국 📖
083 법으로 보는 미국 | 채동배
084 미국 여성사 | 이창신 📖
085 책과 세계 | 강유원 🔍
086 유럽왕실의 탄생 | 김현수 📖🔍
087 박물관의 탄생 | 전진성 📖
088 절대왕정의 탄생 | 임승휘 📖🔍
089 커피 이야기 | 김성윤 📖🔍
090 축구의 문화사 | 이은호
091 세기의 사랑 이야기 | 안재필 📖🔍
092 반연극의 계보와 미학 | 임준서 📖

093	한국의 연출가들 | 김남석	147	뱀파이어 연대기 | 한혜원
094	동아시아의 공연예술 | 서연호	148	위대한 힙합 아티스트 | 김정훈
095	사이코드라마 | 김정일	149	살사 | 최명호
096	철학으로 보는 문화 | 신응철	150	모던 걸, 여우 목도리를 버려라 | 김주리
097	장 폴 사르트르 | 변광배	151	누가 하이카라 여성을 데리고 사누 | 김미지
098	프랑스 문화와 상상력 | 박기현	152	스위트 홈의 기원 | 백지혜
099	아브라함의 종교 | 공일주	153	대중적 감수성의 탄생 | 강심호
100	여행 이야기 | 이진홍	154	에로 그로 넌센스 | 소래섭
101	아테네 | 장영란	155	소리가 만들어낸 근대의 풍경 | 이승원
102	로마 | 한형곤	156	서울은 어떻게 계획되었는가 | 염복규
103	이스탄불 | 이희수	157	부엌의 문화사 | 함한희
104	예루살렘 | 최창모	158	칸트 | 최인숙
105	상트 페테르부르크 | 방일권	159	사람은 왜 인정받고 싶어하나 | 이정은
106	하이델베르크 | 곽병휴	160	지중해학 | 박상진
107	파리 | 김복래	161	동북아시아 비핵지대 | 이삼성 외
108	바르샤바 | 최건영	162	서양 배우의 역사 | 김정수
109	부에노스아이레스 | 고부안	163	20세기의 위대한 연극인들 | 김미혜
110	멕시코 시티 | 정혜주	164	영화음악 | 박신영
111	나이로비 | 양철준	165	한국독립영화 | 김수남
112	고대 올림픽의 세계 | 김복희	166	영화와 샤머니즘 | 이종승
113	종교와 스포츠 | 이창익	167	영화로 보는 불륜의 사회학 | 황혜진
114	그리스 미술 이야기 | 노성두	168	J.D. 샐린저와 호밀밭의 파수꾼 | 김성곤
115	그리스 문명 | 최혜영	169	허브 이야기 | 조태동 · 송진희
116	그리스와 로마 | 김덕수	170	프로레슬링 | 성민수
117	알렉산드로스 | 조현미	171	프랑크푸르트 | 이기식
118	고대 그리스의 시인들 | 김헌	172	바그다드 | 이동은
119	올림픽의 숨은 이야기 | 장원재	173	아테네인, 스파르타인 | 윤진
120	장르 만화의 세계 | 박인하	174	정치의 원형을 찾아서 | 최자영
121	성공의 길은 내 안에 있다 | 이숙영	175	소르본 대학 | 서정복
122	모든 것을 고객중심으로 바꿔라 | 안상헌	176	테마로 보는 서양미술 | 권용준
123	중세와 토마스 아퀴나스 | 박주영	177	칼 마르크스 | 박영균
124	우주 개발의 숨은 이야기 | 정홍철	178	허버트 마르쿠제 | 손철성
125	나노 | 이영희	179	안토니오 그람시 | 김현우
126	초끈이론 | 박재모 · 현승준	180	안토니오 네그리 | 윤수종
127	안토니 가우디 | 손세관	181	박이문의 문학과 철학 이야기 | 박이문
128	프랭크 로이드 라이트 | 서수경	182	상상력과 가스통 바슐라르 | 홍명희
129	프랭크 게리 | 이일형	183	인간복제의 시대가 온다 | 김홍재
130	리차드 마이어 | 이성훈	184	수소 혁명의 시대 | 김미선
131	안도 다다오 | 임채진	185	로봇 이야기 | 김문상
132	색의 유혹 | 오수연	186	일본의 정체성 | 김필동
133	고객을 사로잡는 디자인 혁신 | 신언모	187	일본의 서양문화 수용사 | 정하미
134	양주 이야기 | 김준철	188	번역과 일본의 근대 | 최경옥
135	주역과 운명 | 심의용	189	전쟁국가 일본 | 이성환
136	학계의 금기를 찾아서 | 강성민	190	한국과 일본 | 하우봉
137	미 · 중 · 일 새로운 패권전략 | 우수근	191	일본 누드 문화사 | 최유경
138	세계지도의 역사와 한반도의 발견 | 김상근	192	주신구라 | 이준섭
139	신용하 교수의 독도 이야기 | 신용하	193	일본의 신사 | 박규태
140	간도는 누구의 땅인가 | 이성환	194	미야자키 하야오 | 김윤아
141	말리노프스키의 문화인류학 | 김용환	195	애니메이션으로 보는 일본 | 박규태
142	크리스마스 | 이영제	196	디지털 에듀테인먼트 스토리텔링 | 강심호
143	바로크 | 신정아	197	디지털 애니메이션 스토리텔링 | 배주영
144	페르시아 문화 | 신규섭	198	디지털 게임의 미학 | 전경란
145	패션과 명품 | 이재진	199	디지털 게임 스토리텔링 | 한혜원
146	프랑켄슈타인 | 장정희	200	한국형 디지털 스토리텔링 | 이인화

201	디지털 게임, 상상력의 새로운 영토 | 이정엽	255	비틀스 | 고영탁
202	프로이트와 종교 | 권수영	256	현대시와 불교 | 오세영
203	영화로 보는 태평양전쟁 | 이동훈	257	불교의 선악론 | 안옥선
204	소리의 문화사 | 김토일	258	질병의 사회사 | 신규환
205	극장의 역사 | 임종엽	259	와인의 문화사 | 고형욱
206	뮤지엄건축 | 서상우	260	와인, 어떻게 즐길까 | 김준철
207	한옥 | 박명덕	261	노블레스 오블리주 | 예종석
208	한국만화사 산책 | 손상익	262	미국인의 탄생 | 김진웅
209	만화 속 백수 이야기 | 김성훈	263	기독교의 교파 | 남병두
210	코믹스 만화의 세계 | 박석환	264	플로티노스 | 조규홍
211	북한만화의 이해 | 김성훈 · 박소현	265	아우구스티누스 | 박경숙
212	북한 애니메이션 | 이대연 · 김경임	266	안셀무스 | 김영철
213	만화로 보는 미국 | 김기홍	267	중국 종교의 역사 | 박종우
214	미생물의 세계 | 이재열	268	인도의 신화와 종교 | 정광흠
215	빛과 색 | 변종철	269	이라크의 역사 | 공일주
216	인공위성 | 장영근	270	르 코르뷔지에 | 이관석
217	문화콘텐츠란 무엇인가 | 최연구	271	김수영, 혹은 시적 양심 | 이은정
218	고대 근동의 신화와 종교 | 강성열	272	의학사상사 | 여인석
219	신비주의 | 금인숙	273	서양의학의 역사 | 이재담
220	십자군, 성전과 약탈의 역사 | 진원숙	274	몸의 역사 | 강신익
221	종교개혁 이야기 | 이성덕	275	인류를 구한 항균제들 | 예병일
222	자살 | 이진홍	276	전쟁의 판도를 바꾼 전염병 | 예병일
223	성, 그 억압과 진보의 역사 | 윤가현	277	사상의학 바로 알기 | 장동민
224	아파트의 문화사 | 박철수	278	조선의 명의들 | 김호
225	권오길 교수가 들려주는 생물의 섹스 이야기 | 권오길	279	한국인의 관계심리학 | 권수영
226	동물행동학 | 임신재	280	모건의 가족 인류학 | 김용환
227	한국 축구 발전사 | 김성원	281	예수가 상상한 그리스도 | 김호경
228	월드컵의 위대한 전설들 | 서준형	282	사르트르와 보부아르의 계약결혼 | 변광배
229	월드컵의 강국들 | 심재희	283	초기 기독교 이야기 | 진원숙
230	스포츠마케팅의 세계 | 박찬혁	284	동유럽의 민족 분쟁 | 김철민
231	일본의 이중권력, 쇼군과 천황 | 다카시로 고이치	285	비잔틴제국 | 진원숙
232	일본의 사소설 | 안영희	286	오스만제국 | 진원숙
233	글로벌 매너 | 박한표	287	별을 보는 사람들 | 조상호
234	성공하는 중국 진출 가이드북 | 우수근	288	한미 FTA 후 직업의 미래 | 김준성
235	20대의 정체성 | 정성호	289	구조주의와 그 이후 | 김종우
236	중년의 사회학 | 정성호	290	아도르노 | 이종하
237	인권 | 차병직	291	프랑스 혁명 | 서정복
238	헌법재판 이야기 | 오호택	292	메이지유신 | 장인성
239	프라하 | 김규진	293	문화대혁명 | 백승욱
240	부다페스트 | 김성진	294	기생 이야기 | 신현규
241	보스턴 | 황선희	295	에베레스트 | 김법모
242	돈황 | 전인초	296	빈 | 인성기
243	보들레르 | 이건수	297	발트3국 | 서진석
244	돈 후안 | 정동섭	298	아일랜드 | 한일동
245	사르트르 참여문학론 | 변광배	299	이케다 하야토 | 권혁기
246	문체론 | 이종오	300	박정희 | 김성진
247	올더스 헉슬리 | 김효원	301	리콴유 | 김성진
248	탈식민주의에 대한 성찰 | 박종성	302	덩샤오핑 | 박형기
249	서양 무기의 역사 | 이내주	303	마거릿 대처 | 박동운
250	백화점의 문화사 | 김인호	304	로널드 레이건 | 김형곤
251	초콜릿 이야기 | 정한진	305	셰이크 모하메드 | 최진영
252	향신료 이야기 | 정한진	306	유엔사무총장 | 김정태
253	프랑스 미식 기행 | 심순철	307	농구의 탄생 | 손대범
254	음식 이야기 | 윤진아	308	홍차 이야기 | 정은희

309	인도 불교사 | 김미숙	363	러시아의 정체성 | 기연수
310	아힌사 | 이정호	364	너는 시방 위험한 로봇이다 | 오은
311	인도의 경전들 | 이재숙	365	발레리나를 꿈꾼 로봇 | 김선혁
312	글로벌 리더 | 백형찬	366	로봇 선생님 가라사대 | 안동근
313	탱고 | 배수경	367	로봇 디자인의 숨겨진 규칙 | 구신애
314	미술경매 이야기 | 이규현	368	로봇을 향한 열정, 일본 애니메이션 | 안병욱
315	달마와 그 제자들 | 우봉규	369	도스토예프스키 | 박영은
316	화두와 좌선 | 김호귀	370	플라톤의 교육 | 장영란
317	대학의 역사 | 이광주	371	대공황 시대 | 양동휴
318	이슬람의 탄생 | 진원숙	372	미래를 예측하는 힘 | 최연구
319	DNA분석과 과학수사 | 박기원	373	꼭 알아야 하는 미래 질병 10가지 | 우정헌
320	대통령의 탄생 | 조지형	374	과학기술의 개척자들 | 송성수
321	대통령의 퇴임 이후 | 김형곤	375	레이첼 카슨과 침묵의 봄 | 김재호
322	미국의 대통령 선거 | 윤용희	376	좋은 문장 나쁜 문장 | 송준호
323	프랑스 대통령 이야기 | 최연구	377	바울 | 김호경
324	실용주의 | 이유선	378	테킬라 이야기 | 최명호
325	맥주의 세계 | 원융희	379	어떻게 일본 과학은 노벨상을 탔는가 | 김범성
326	SF의 법칙 | 고장원	380	기후변화 이야기 | 이유진
327	원효 | 김원명	381	상송 | 전금주
328	베이징 | 조창완	382	이슬람 예술 | 전완경
329	상하이 | 김윤희	383	페르시아의 종교 | 유흥태
330	홍콩 | 유영하	384	삼위일체론 | 유해무
331	중화경제의 리더들 | 박형기	385	이슬람 율법 | 공일주
332	중국의 엘리트 | 주장환	386	반야심경·금강경 | 곽철환
333	중국의 소수민족 | 정재남	387	루이스 칸 | 김낙중·정태용
334	중국을 이해하는 9가지 관점 | 우수근	388	톰 웨이츠 | 신주현
335	고대 페르시아의 역사 | 유흥태	389	위대한 여성 과학자들 | 송성수
336	이란의 역사 | 유흥태	390	법원 이야기 | 오호택
337	에스파한 | 유흥태	391	명예훼손이란 무엇인가 | 안상운
338	번역이란 무엇인가 | 이향	392	사법권의 독립 | 조지형
339	해체론 | 조규형	393	피해자학 강의 | 장규원
340	자크 라캉 | 김용수	394	정보공개란 무엇인가 | 안상운
341	하지홍 교수의 개 이야기 | 하지홍	395	적정기술이란 무엇인가 | 김정태·홍성욱
342	다방과 카페, 모던보이의 아지트 | 장유정	396	치명적인 금융위기, 왜 유독 대한민국인가 | 오형규
343	역사 속의 채식인 | 이광조 (절판)	397	지방자치단체, 돈이 새고 있다 | 최인욱
344	보수와 진보의 정신분석 | 김용신	398	스마트 위험사회가 온다 | 민경식
345	저작권 | 김기태	399	한반도 대재난, 대책은 있는가 | 이정직
346	왜 그 음식은 먹지 않을까 | 정한진	400	불안사회 대한민국, 복지가 해답인가 | 신광영
347	플라멩코 | 최명호	401	21세기 대한민국 대외전략 | 김기수
348	월트 디즈니 | 김지영	402	보이지 않는 위협, 종북주의 | 류현수
349	빌 게이츠 | 김익현	403	우리 헌법 이야기 | 오호택
350	스티브 잡스 | 김상훈	404	핵심 중국어 간체자(简体字) | 김현정
351	잭 웰치 | 하정필	405	문화생활과 문화주택 | 김용범
352	워렌 버핏 | 이민주	406	미래주거의 대안 | 김세용·이재준
353	조지 소로스 | 김성진	407	개방과 폐쇄의 딜레마, 북한의 이중적 경제 | 남성욱·정유석
354	마쓰시타 고노스케 | 권혁기	408	연극과 영화를 통해 본 북한 사회 | 민병욱
355	도요타 | 이우광	409	먹기 위한 개방, 살기 위한 핵외교 | 김계동
356	기술의 역사 | 송성수	410	북한 정권 붕괴 가능성과 대비 | 전경주
357	미국의 총기 문화 | 손영호	411	북한을 움직이는 힘, 군부의 패권경쟁 | 이영훈
358	표트르 대제 | 박지배	412	인민의 천국에서 벌어지는 인권유린 | 허만호
359	조지 워싱턴 | 김형곤	413	성공을 이끄는 마케팅 법칙 | 추성엽
360	나폴레옹 | 서정복	414	커피로 알아보는 마케팅 베이직 | 김민주
361	비스마르크 | 김장수	415	쓰나미의 과학 | 이호준
362	모택동 | 김승일	416	20세기를 빛낸 극작가 20인 | 백승무

417	20세기의 위대한 지휘자	김문경	471	논리적 글쓰기	여세주
418	20세기의 위대한 피아니스트	노태헌	472	디지털 시대의 글쓰기	이강룡
419	뮤지컬의 이해	이동섭	473	NLL을 말하다	이상철
420	위대한 도서관 건축 순례	최정태	474	뇌의 비밀	서유헌
421	아름다운 도서관 오디세이	최정태	475	버트런드 러셀	박병철
422	롤링 스톤즈	김기범	476	에드문트 후설	박인철
423	서양 건축과 실내디자인의 역사	천진희	477	공간 해석의 지혜, 풍수	이지형
424	서양 가구의 역사	공혜원	478	이야기 동양철학사	강성률
425	비주얼 머천다이징&디스플레이 디자인	강희수	479	이야기 서양철학사	강성률
426	호감의 법칙	김경호	480	독일 계몽주의의 유학적 기초	전홍석
427	시대의 지성, 노암 촘스키	임기대	481	우리말 한자 바로쓰기	안광희
428	역사로 본 중국음식	신계숙	482	유머의 기술	이상훈
429	일본요리의 역사	박병학	483	관상	이태룡
430	한국의 음식문화	도현신	484	가상학	이태룡
431	프랑스 음식문화	민혜련	485	역경	이태룡
432	중국차 이야기	조은아	486	대한민국 대통령들의 한국경제 이야기 1	이장규
433	디저트 이야기	안호기	487	대한민국 대통령들의 한국경제 이야기 2	이장규
434	치즈 이야기	박승용	488	별자리 이야기	이형철 외
435	면(麵) 이야기	김한송	489	셜록 홈즈	김재성
436	막걸리 이야기	정은숙	490	역사를 움직인 중국 여성들	이양자
437	알렉산드리아 비블리오테카	남태우	491	중국 고전 이야기	문승용
438	개헌 이야기	오호택	492	발효 이야기	이미란
439	전통 명품의 보고, 규장각	신병주	493	이승만 평전	이주영
440	에로스의 예술, 발레	김도윤	494	미군정시대 이야기	차상철
441	소크라테스를 알라	장영란	495	한국전쟁사	이희진
442	소프트웨어가 세상을 지배한다	김재호	496	정전협정	조성훈
443	국제난민 이야기	김철민	497	북한 대남 침투도발사	이윤규
444	셰익스피어 그리고 인간	김도윤	498	수상	이태룡
445	명상이 경쟁력이다	김필수	499	성명학	이태룡
446	갈매나무의 시인 백석	이숭원	500	결혼	남정욱
447	브랜드를 알면 자동차가 보인다	김흥식	501	광고로 보는 근대문화사	김병희
448	파이온에서 힉스 입자까지	이강영	502	시조의 이해	임형선
449	알고 쓰는 화장품	구희연	503	일본인은 왜 속마음을 말하지 않을까	임영철
450	희망이 된 인문학	김호연	504	내 사랑 아다지오	양태조
451	한국 예술의 큰 별 동랑 유치진	백형찬	505	수프림 오페라	김도윤
452	경허와 그 제자들	우봉규	506	바그너의 이해	서정원
453	논어	윤홍식	507	원자력 이야기	이정익
454	장자	이기동	508	이스라엘과 창조경제	정성호
455	맹자	장현근	509	한국 사회 빈부의식은 어떻게 변했는가	김용신
456	관자	신창호	510	요하문명과 한반도	우실하
457	순자	윤무학	511	고조선왕조실록	이희진
458	미사일 이야기	박준복	512	고구려조선왕조실록 1	이희진
459	사주(四柱) 이야기	이지형	513	고구려조선왕조실록 2	이희진
460	영화로 보는 로큰롤	김기범	514	백제왕조실록 1	이희진
461	비타민 이야기	김정환	515	백제왕조실록 2	이희진
462	장군 이순신	도현신	516	신라왕조실록 1	이희진
463	전쟁의 심리학	이윤규	517	신라왕조실록 2	이희진
464	미국의 장군들	여영무	518	신라왕조실록 3	이희진
465	첨단무기의 세계	양낙규	519	가야왕조실록	이희진
466	한국무기의 역사	이내주	520	발해왕조실록	구난희
467	노자	임헌규	521	고려왕조실록 1 (근간)
468	한비자	윤찬원	522	고려왕조실록 2 (근간)
469	묵자	박문현	523	조선왕조실록 1	이성무
470	나는 누구인가	김용신	524	조선왕조실록 2	이성무

525 조선왕조실록 3 | 이성무	579 미나모토노 요리토모 | 남기학
526 조선왕조실록 4 | 이성무	580 도요토미 히데요시 | 이계황
527 조선왕조실록 5 | 이성무	581 요시다 쇼인 | 이희복
528 조선왕조실록 6 | 편집부	582 시부사와 에이이치 | 양의모
529 정한론 | 이기용	583 이토 히로부미 | 방광석
530 청일전쟁 | 이성환	584 메이지 천황 | 박진우
531 러일전쟁 | 이성환	585 하라 다카시 | 김영숙
532 이슬람 전쟁사 | 진원숙	586 히라쓰카 라이초 | 정애영
533 소주이야기 | 이지형	587 고노에 후미마로 | 김봉식
534 북한 남침 이후 3일간, 이승만 대통령의 행적 | 남정옥	588 모방이론으로 본 시장경제 | 김진식
535 제주 신화 1 | 이석범	589 보들레르의 풍자적 현대문명 비판 | 이건수
536 제주 신화 2 | 이석범	590 원시유교 | 한성구
537 제주 전설 1 | 이석범 (절판)	591 도가 | 김대근
538 제주 전설 2 | 이석범 (절판)	592 춘추전국시대의 고민 | 김현주
539 제주 전설 3 | 이석범 (절판)	593 사회계약론 | 오수웅
540 제주 전설 4 | 이석범 (절판)	594 조선의 예술혼 | 백형찬
541 제주 전설 5 | 이석범 (절판)	595 좋은 영어, 문체와 수사 | 박종성
542 제주 민담 | 이석범	
543 서양의 명장 | 박기련	
544 동양의 명장 | 박기련	
545 루소, 교육을 말하다 | 고봉만·황성원	
546 철학으로 본 앙트러프러너십 | 전인수	
547 예술과 앙트러프러너십 | 조명계	
548 예술마케팅 | 전인수	
549 비즈니스상상력 | 전인수	
550 개념설계의 시대 | 전인수	
551 미국 독립전쟁 | 김형곤	
552 미국 남북전쟁 | 김형곤	
553 초기불교 이야기 | 곽철환	
554 한국가톨릭의 역사 | 서정민	
555 시아 이슬람 | 유흥태	
556 스토리텔링에서 스토리두잉으로 | 윤주	
557 백세시대의 지혜 | 신현동	
558 구보 씨가 살아온 한국 사회 | 김병희	
559 정부광고로 보는 일상생활사 | 김병희	
560 정부광고의 국민계몽 캠페인 | 김병희	
561 도시재생이야기 | 윤주	
562 한국의 핵무장 | 김재엽	
563 고구려 비문의 비밀 | 정호섭	
564 비슷하면서도 다른 한중문화 | 장범성	
565 급변하는 현대 중국의 일상 | 장시,리우린,장범성	
566 중국의 한국 유학생들 | 왕링윈, 장범성	
567 밥 딜런 그의 나라에는 누가 사는가 | 오민석	
568 언론으로 본 정부 정책의 변천 | 김병희	
569 전통과 보수의 나라 영국 1-영국 역사 | 한일동	
570 전통과 보수의 나라 영국 2-영국 문화 | 한일동	
571 전통과 보수의 나라 영국 3-영국 현대 | 김언조	
572 제1차 세계대전 | 윤형호	
573 제2차 세계대전 | 윤형호	
574 라벨로 보는 프랑스 포도주의 이해 | 전경준	
575 미셸 푸코, 말과 사물 | 이규현	
576 프로이트, 꿈의 해석 | 김석	
577 왜 5왕 | 홍성화	
578 소가씨 4대 | 나행주	

레이첼 카슨과 침묵의 봄

펴낸날	초판 1쇄 2009년 8월 1일
	초판 7쇄 2024년 7월 17일

지은이	김재호
펴낸이	심만수
펴낸곳	(주)살림출판사
출판등록	1989년 11월 1일 제9-210호

주소	경기도 파주시 광인사길 30
전화	031-955-1350 　팩스 031-624-1356
홈페이지	http://www.sallimbooks.com
이메일	book@sallimbooks.com

ISBN	978-89-522-1221-4　04080
	978-89-522-0096-9　04080 (세트)

※ 값은 뒤표지에 있습니다.
※ 잘못 만들어진 책은 구입하신 서점에서 바꾸어 드립니다.

함께 읽으면 좋은 책 — 과학·기술

126 초끈이론 아인슈타인의 꿈을 찾아서 eBook

박재모(포항공대 물리학과 교수) · 현승준(연세대 물리학과 교수)

빠르게 발전하고 있는 초끈이론을 일반대중이 이해할 수 있도록 쉽게 풀어쓴 책. 중력을 성공적으로 양자화하고 모든 종류의 입자와 그들 간의 상호작용을 포함하는 모형으로 각광받고 있는 초끈이론을 설명한다. 초끈이론을 이해하기 위해 필요한 양자역학이나 일반상대론 등 현대물리학의 제 분야에 대해서도 알기 쉽게 소개한다.

125 나노 미시세계가 거시세계를 바꾼다 eBook

이영희(성균관대 물리학과 교수)

박테리아 크기의 1000분의 1에 해당하는 크기인 '나노'가 인간세계를 어떻게 바꿔 놓을 것인지에 대한 해답을 제시하는 책. 나노기술이란 무엇이고 나노크기의 재료들은 어떻게 만들어지는가, 나노크기의 재료들을 어떻게 조작해 새로운 기술들을 이끌어내는가, 조작을 통해 어떤 기술들을 실현하는가를 다양한 예를 통해 소개한다.

448 파이온에서 힉스 입자까지 eBook

이강영(경상대 물리교육과 교수)

누구나 한번쯤 '우주는 어디에서 시작됐을까?' '물질의 근본은 어디일까?'와 같은 의문을 품어본 적은 있을 것이다. 물질과 에너지의 궁극적 본질에 다가서면 다가설수록 우주의 근원을 이해하는 일도 쉬워진다고 한다. 이 책은 바로 이러한 질문들의 해답을 찾기 위해 애쓰는 물리학자들의 긴 여정을 담고 있다.

035 법의학의 세계 eBook

이윤성(서울대 법의학과 교수)

최근 드라마나 영화를 통해 일반인의 호기심을 자극하고 있지만 거의 알려지지 않은 법의학을 소개한 책. 법의학의 여러 분야에 대한 소개, 부검의 필요성과 절차, 사망의 원인과 종류, 사망시각 추정과 신원확인, 교통사고와 질식사 그리고 익사와 관련된 흥미로운 사건들을 통해 법의학에 대한 이해를 돕는다.

과학 · 기술

395 적정기술이란 무엇인가 eBook

김정태(적정기술재단 사무국장)

적정기술은 빈곤과 질병으로부터 싸우고 있는 전 세계의 사람들에게 희망을 안겨주는 따뜻한 기술이다. 이 책에서는 적정기술이 탄생하게 된 배경과 함께 적정기술의 역사, 정의, 개척자들을 소개함으로써 적정기술에 대한 기본적인 이해를 돕고 있다. 소외된 90%를 위한기술을 통해 독자들은 세상을 바꾸는 작지만 강한 힘이란 무엇인가에 대해서 알 수 있을 것이다.

022 인체의 신비

이성주(코리아메디케어 대표)

내 자신이었으면서도 여전히 낯설었던 몸에 대한 지식을 문학, 사회학, 예술사, 철학 등을 접목시켜 이야기해 주는 책. 몸과 마음의 신비, 배에서 나는 '꼬르륵' 소리의 비밀, '키스'가 건강에 이로운 이유, 인간은 왜 언제든 '사랑'할 수 있는가에 대한 여러 학설 등 일상에서 일어나는 수수께끼를 명쾌하게 풀어 준다.

036 양자 컴퓨터 eBook

이순칠(한국과학기술원 물리학과 교수)

21세기 인류 문명에서 가장 중요한 요소 중의 하나로 꼽히는 양자 컴퓨터의 과학적 원리와 그 응용의 효과를 소개한 책. 물리학과 전산학 등 다양한 학문적 성과의 총합인 양자 컴퓨터에 대한 이해를 통해 미래사회의 발전상을 가늠하게 해준다. 저자는 어려운 전문용어가 아니라 일반 대중도 이해가 가능하도록 양자학을 쉽게 설명하고 있다.

214 미생물의 세계 eBook

이재열(경북대 생명공학부 교수)

미생물의 종류 및 미생물과 관련하여 우리 생활에서 마주칠 수 있는 여러 현상들에 대해, 알기 쉽게 풀어 설명한다. 책을 읽어나가며 독자들은 미생물들이 나름대로 형성한 그들의 세계가 인간의 그것과 다름이 없음을, 미생물도 결국은 생물이고 우리와 공생하고 있다는 사실을 알 수 있을 것이다.

과학·기술

375 레이첼 카슨과 침묵의 봄   eBook

김재호(소프트웨어 연구원)

『침묵의 봄』은 100명의 세계적 석학이 뽑은 '20세기를 움직인 10권의 책' 중 4위를 차지했다. 그 책의 저자인 레이첼 카슨 역시 「타임」이 뽑은 '20세기 중요인물 100명' 중 한 명이다. 과학적 분석력과 인문학적 감수성을 융합하여 20세기 후반 환경운동에 절대적 영향을 준 레이첼 카슨과 『침묵의 봄』에 대한 짧지만 알찬 안내서.

277 사상의학 바로 알기   eBook

장동민(하늘땅한의원 원장)

이 책은 사상의학이라는 단어는 알고 있지만 심리테스트 정도의 흥밋거리로 알고 있는 사람들에게 바른 상식을 알려 준다. 또한 한의학이나 사상의학을 전공하고픈 학생들의 공부에 기초적인 도움을 준다. 사상의학의 탄생과 역사에서부터 실생활에서 적용할 수 있는 간단한 사상의학의 방법들을 소개한다.

356 기술의 역사 뗀석기에서 유전자 재조합까지

송성수(부산대학교 기초교육원 교수)

우리는 기술을 단순히 사물의 단계에서 생각하기 쉽다. 하지만 기술에는 인간의 삶과 사회의 배경이 녹아들어 있다. 기술의 역사를 통해 우리는 기술과 문화, 기술과 인간의 삶을 연결시켜 생각할 수 있게 될 것이다. 이 책을 읽은 후 주변에 있는 기술을 다시 보게 되면, 그 기술이 뭔가 다른 느낌으로 다가올 것이다.

319 DNA분석과 과학수사   eBook

박기원(국립과학수사연구소 연구관)

범죄수사에서 유전자분석에 대한 관심이 커지고 있지만 간단하게 참고할 만한 책은 거의 없는 실정이다. 이 책은 적은 분량이지만 가능한 모든 분야와 최근의 동향을 소개하고 있다. 특히, 내용의 이해를 돕기 위하여 서래마을 영아유기사건이나 대구지하철 참사 신원조회 등 실제 사건의 감정 사례를 소개하는 데도 많은 비중을 두었다.

과학 · 기술

eBook 표시가 되어있는 도서는 전자책으로 구매가 가능합니다.

022 인체의 신비 | 이성주
023 생물학 무기 | 배우철 eBook
032 최면의 세계 | 설기문 eBook
033 천문학 탐구자들 | 이면우
034 블랙홀 | 이충환 eBook
035 법의학의 세계 | 이윤성 eBook
036 양자 컴퓨터 | 이순칠 eBook
124 우주 개발의 숨은 이야기 | 정홍철 eBook
125 나노 | 이영희 eBook
126 초끈이론 | 박재모 · 현승준 eBook
183 인간복제의 시대가 온다 | 김홍재
184 수소 혁명의 시대 | 김미선 eBook
185 로봇 이야기 | 김문상 eBook
214 미생물의 세계 | 이재열 eBook
215 빛과 색 | 변종철 eBook
216 인공위성 | 장영근 eBook
225 권오길 교수가 들려주는 생물의 섹스 이야기 | 권오길 eBook
226 동물행동학 | 임신재 eBook
258 질병의 사회사 | 신규환
272 의학사상사 | 여인석
273 서양의학의 역사 | 이재담
274 몸의 역사 | 강신익
275 인류를 구한 항균제들 | 예병일
276 전쟁의 판도를 바꾼 전염병 | 예병일
277 사상의학 바로 알기 | 장동민
278 조선의 명의들 | 김호
287 별을 보는 사람들 | 조상호
319 DNA분석과 과학수사 | 박기원
341 하지홍 교수의 개 이야기 | 하지홍
356 기술의 역사 | 송성수
373 꼭 알아야 하는 미래 질병 10가지 | 우정헌 eBook
374 과학기술의 개척자들 | 송성수 eBook
375 레이첼 카슨과 침묵의 봄 | 김재호 eBook
379 어떻게 일본 과학은 노벨상을 탔는가 | 김범성 eBook
389 위대한 여성 과학자들 | 송성수 eBook
395 적정기술이란 무엇인가 | 김정태 · 홍성욱 eBook
415 쓰나미의 과학 | 이호준 eBook
442 소프트웨어가 세상을 지배한다 | 김재호 eBook
448 파이온에서 힉스 입자까지 | 이강영 eBook
458 미사일 이야기 | 박준복 eBook
461 비타민 이야기 | 김정환 eBook
465 첨단무기의 세계 | 양낙규 eBook
470 나는 누구인가 | 김용신 eBook
474 뇌의 비밀 | 서유헌 eBook
488 별자리 이야기 | 김형철 외 eBook

㈜살림출판사
www.sallimbooks.com
주소 경기도 파주시 문발동 522-1 | 전화 031-955-1350 | 팩스 031-955-1355